MON SIXIÈME SENS

Couverture : Shutterstock/Studio City

ISBN : 979-10-393-0102-2

Collection dirigée par Christian English & Frédéric Thibaud
Catalogues et manuscrits : editions-devinci.fr

Dépôt légal : Mars 2022

De futur Pianiste à voyant

MON SIXIÈME SENS

ESTEBAN FREDERIC

Pour Bob
Avec toute mon amitié
et tout plein de succès

Amitié,
Esteban Frederic

éditions
DE VINCI

Sommaire

Fais de ta vie un rêve, et d'un rêve une réalité.
Antoine de Saint-Exupéry
À Michel, dont le cœur, véritable pierre philosophale,
a su transformer en moi le plomb en or.

Préface

Par Stanislas Delorme, consultant intuitif, et fondateur du Guide de la Voyance

Le monde de la voyance est riche de personnalités diverses. Des parcours de médiums et de voyants, j'en ai suivi beaucoup. C'est avec fierté que j'ai accepté de préfacer cet ouvrage, sensible et palpitant, retraçant la trajectoire d'Esteban Frederic, ce jeune voyant prometteur, aujourd'hui renommé.

Depuis 2004, sur le Guide de la Voyance que j'ai créé en ligne, j'interroge des personnes dotées de dons de voyance et de médiumnité, et je partage avec mon public leurs visions et leur évolution. Je regarde avec une curiosité bienveillante les personnes qui grandissent dans leur pratique et en partagent les bienfaits avec le plus grand nombre. Parmi eux, Esteban Frederic est un personnage à la destinée remarquable.

Lorsque j'ai fait la connaissance d'Esteban, en 2014, il était à l'aube de sa carrière. Du haut de ses 26 ans, son expérience et sa maturité m'ont tant frappé que je l'ai qualifié de jeune prodige. Et la suite m'a donné raison !

D'Esteban Frederic, on connaît la carrière commencée dans sa jeunesse, les interventions télévisées toujours sensibles, le site Internet de voyance de confiance. Mais les débuts d'un tel parcours gardent toujours une part de mystère. C'est ce mystère que l'auteur nous confie aujourd'hui dans cet ouvrage autobiographique.

Médium précoce, il développe dès son enfance une sensibilité particulière et communique avec des âmes, par simple proximité avec certaines personnes. C'est d'abord avec frayeur qu'il découvre ce don en lui. Il raconte avec délicatesse comment il a su peu à peu l'apprivoiser.

C'est avant tout une histoire de discernement. Même pour un voyant, les signes envoyés par la vie ne sont pas toujours limpides. « Un voyant est aveugle pour lui-même », lit-on.

Depuis toujours ou presque, Esteban a deux amis fidèles : le piano, par lequel il peut s'exprimer, et le don, qui l'accompagne depuis l'enfance à chaque instant de sa vie. L'avenir paraissait tout tracé pour le jeune Esteban. Ses talents de pianiste, développés et récompensés par le Conservatoire, devaient le mener tout droit à une carrière d'artiste. Mais le destin en avait décidé autrement. La carrière de pianiste l'a espéré, mais l'appel du don fut plus fort : c'est la voie qu'il décida de suivre à la fin de ses études.

Choisir la voyance comme profession n'est pas la fin de l'histoire, mais le début d'une aventure invraisemblable. Nous marchons dans ses pas et nous nous faufilons dans sa carrière naissante. La notoriété, l'argent, la réussite lui tendent les bras. Comment trouver son équilibre ? Quel choix fera-t-il pour être le voyant qu'il est au fond de lui-même ?

Préface

La vie familiale, quotidienne, intime se mêle au développement du don, à l'apprentissage des cartes et des oracles. On construit sa vie avec le don, autour du don, contre lui parfois. Et l'on apprend à gérer les remarques extérieures, les incompréhensions et les critiques. Les rencontres forgent le caractère et la destinée.

Des premières expériences à la vie professionnelle, des consultations à la chaîne à la notoriété, Esteban Frederic nous entraîne dans le labyrinthe de sa vie de médium et de voyant.

À travers l'itinéraire d'Esteban, c'est le destin de toute vie qui se présente, sous forme de carrefours. Les chemins d'Esteban s'ouvrent et l'amènent jusqu'à des projets plus récents, tels que l'oracle qu'il a créé lui-même, l'Oracle du Sixième Sens, ou la plateforme de voyance en ligne qui porte son nom et regroupe de nombreux voyants à la réputation affirmée.

Nous permettre de plonger aujourd'hui dans son enfance et sa jeunesse, aux sources de sa vocation, c'est comme un cadeau que nous fait Esteban. Son récit permet de s'imprégner du quotidien d'un médium au plus proche de ses ressentis intimes, de ses doutes et de ses découvertes. On ne devient pas voyant ou médium par magie. Le don vous saisit, mais apprendre à vivre avec est un long cheminement.

Partager une telle expérience ne permet pas seulement de mieux connaître l'un des personnages montants du monde de la voyance d'aujourd'hui. C'est aussi une invite aux plus jeunes, à ceux et celles qui se découvrent un don et se demandent qu'en faire et comment l'apprivoiser.

L'auteur l'écrit lui-même : être voyant est parfois « une chance », parfois « un fardeau ».

Ce qui me touche plus que tout dans l'histoire d'Esteban, c'est sa recherche constante d'authenticité, de fidélité à une éthique solide. Loin des débordements de certains voyants, dévorés par l'ambition et altérés par la célébrité, il a su rester intègre et garder intacte la mission qu'il s'était découverte étant jeune en prenant conscience de son don, à savoir aider son prochain. Cette éthique ne se forge qu'au prix de tiraillements moraux, de renoncements professionnels et de choix difficiles. Il a fallu repousser certaines présences néfastes et les mauvais conseilleurs. Esteban a le courage d'aborder de manière lucide les aspects ténébreux de la voyance.

« Douter toujours, mais ne jamais renoncer à ses rêves. », nous dit Esteban. Voir les carrières éclore, les talents fructifier, c'est un honneur et un bonheur pour le voyant aguerri que je suis devenu. Être surpris, dérouté, impressionné par la maturité des jeunes talents est toujours délectable. Esteban Frederic est une de ces étoiles montantes du firmament de la voyance, dont on sait que la lumière éclairera les générations futures.

C'est un honneur pour moi de présenter cet ouvrage. Puisse-t-il avoir tout le succès qu'il mérite et toucher les âmes et les cœurs de ses lecteurs. Puisse-t-il permettre à ceux et celles qui y sont étrangers de mieux comprendre la voyance, et offrir des réponses à tous ceux qui se sentent appelés dans cette voie sans savoir comment s'y prendre pour s'y engager.

Introduction

Pour moi, qui passe une bonne partie de mon temps à lire l'avenir, c'est un peu drôle de t'inviter dans mon passé.

Pour le voyant et médium que je suis, te raconter mon histoire est aussi un défi nouveau. Comment bien choisir ce que je dois raconter pour te faire partager au mieux mon chemin ?

Quand je me retourne, surgissent des points évidents et déterminants de mon histoire. Ils devaient être dans ces pages. D'autres plus insignifiants d'apparence ont finalement attiré mon attention par les petits compléments d'éclairage qu'ils apportent. Mais un élément fondamental et fondateur devait nous accompagner au long de ce récit : la musique. Ma chère musique, elle qui nous relie dans de subtiles communions. Elle, qui m'a porté et guidé, et continue de le faire même si je la délaisse un peu pour la divination, qui aurait pu, me disait-on, faire de moi un grand concertiste. Sa présence dans ce livre est donc à l'aune de sa présence dans ma vie : forte.

Mon histoire, je souhaitais plutôt te la raconter à la façon d'un roman, pouvoir t'écrire ce qu'enfant je n'osais pas dire, te faire partager le mouvement souvent surprenant qui m'a conduit jusqu'ici. Te faire comprendre aussi combien, même pour un voyant, percevoir et trouver sa juste place dans son époque est une aventure.

J'ai reconstitué au mieux les ambiances et les dialogues des situations. J'ai choisi, selon les chapitres, de les accompagner de musiques à la mesure des événements racontés. Pour les colorer d'un peu plus d'intimité, te faire entendre au-delà des mots l'indescriptible des émotions.

Merci de partager avec moi ce retour vers le passé.

Première étape, il y a quelques mois dans cette grande ville appelée Paris. En compagnie d'un grand homme dont le respect m'impose de taire le nom…

Esteban Frédéric

1

Les cicatrices du temps

Univers musical :
Fly de Ludovico Einaudi

L'homme me broie la main plus qu'il ne la serre. Il enfile son imperméable, me jette un dernier regard et sort d'un pas rapide de ce bar d'hôtel dans lequel il m'a donné rendez-vous. Dans un coin reculé de la pièce, nous avons échangé durant près d'une heure. Et ce que je lui ai prédit n'est pas ce qu'il voulait entendre, à savoir un échec aux prochaines élections et la trahison de ses « amis » politiques… Le tableau est bien sombre. Pour lui, il est encore temps de renoncer. Mais je sais qu'il ne le fera pas. Malgré mes avertissements, il s'obstinera dans sa quête impossible du pouvoir. Et il échouera, sans honneur et sans gloire. Tel Icare, il chutera à l'approche du soleil. Trahi par les siens. Que l'on soit puissant ou anonyme, une consultation de voyance est un moment de vérité, et cette vérité peut parfois se révéler cruelle.

age à Paris, j'ai enchaîné les rendez-vous avec des personnalités de différents horizons. Politique, people, show-business… Tous veulent savoir une seule chose : s'ils ont encore un avenir. Finalement, quel que soit leur métier, ils sont tous habités par une même interrogation : « M'aimera-t-on encore demain ? » La notoriété est une maîtresse exigeante et terriblement infidèle.

En cette fin d'après-midi, j'ai terminé mes consultations. Je sens un léger mal de tête me gagner, et je ne suis pas certain que le single malt que je viens de commander au barman constitue le remède approprié pour dissiper un début de migraine. Mais pour un temps, j'ai besoin de me détendre, d'oublier qui je suis devenu, à défaut d'oublier ce que je suis.

Ce que je suis, je le sais depuis mes plus tendres années. Un garçon doté de capacités extra-sensorielles. Ce que je suis devenu, je le sais aussi : un phénomène de société, un être hors-norme que l'on apprécie et redoute en même temps. Car qui voudrait côtoyer un médium capable de percer les secrets les plus intimes de son âme ? Qui souhaite véritablement se contempler dans un miroir et y voir toute la beauté et la laideur de son être ?

Longtemps, j'ai fui ce don de voyance qui me permet de percer à jour mes contemporains. Mais comment faire autrement que de l'assumer ? À un moment donné, je me suis rendu à l'évidence. Nul ne peut éternellement nier son destin.

Ces jours derniers, j'ai côtoyé des grands de ce monde, et ce soir, dans ce bar d'hôtel, je suis plus seul que jamais. Fatigué par ce don qui me vide parfois de mes forces.

Je pose mon verre sur le bois verni du piano qui trône au milieu du bar. Je m'assieds sur le tabouret et soulève doucement le couvercle du clavier. Le piano est un vieil ami, un compagnon de route. Jamais il ne m'a véritablement quitté. Nous avons, à une époque, envisagé de nous unir pour la vie. Lui en tant qu'instrument, et moi en tant qu'interprète. Mais à quoi bon ? Le don de voyance était là, omniprésent, omnipotent. Le piano fut une passion, et le don une évidence.

Sans réfléchir, je laisse mes doigts courir sur le clavier, ce prolongement de mon être. Instinctivement, je joue *Fly*, de Ludovico Einaudi. Partir, courir, s'envoler… Cela correspond bien à mon humeur de ce soir. Autour de moi, les clients semblent indifférents à la mélodie qui naît sous mes doigts. Mais est-ce si important ? Ils doivent me prendre pour un pianiste de bar, un simple élément du décor. Tant mieux, car ce soir, c'est d'anonymat dont j'ai besoin.

Je jette un coup d'œil autour de moi. Des messieurs d'un certain âge, accompagnés de femmes beaucoup plus jeunes. Leur secrétaire peut-être ? Je souris. Parfois, la voyance n'est pas nécessaire pour deviner la nature des liens entre les êtres. Mais comme l'a si justement dit le sage : « Qui suis-je pour juger ? » Nul ne peut critiquer l'autre. Chacun construit sa vie du mieux qu'il le peut.

Les dernières consultations me reviennent en mémoire. Comment en suis-je arrivé là ? Comment un gosse de Nîmes est-il parvenu à échanger avec les plus grands ? Je n'oublierai jamais l'instant où je me suis trouvé pour la première fois face à l'entrée d'un palais de la République… où j'étais attendu. Je me pince encore à l'occasion pour me persuader que je n'ai pas rêvé.

Suis-je maître de mon destin ? J'en doute parfois. Tout a commencé il y a longtemps, je n'avais pas encore quatre ans. Même si, alors, bien évidemment, personne ne m'attendait dans les palais de la République.

J'avale une gorgée de whisky, je joue un air douloureusement mélancolique, et je me souviens… C'était hier. C'était demain, car cela a forgé mon futur. C'était hier, un jour de pluie…

2

L'enfant du tonnerre

En quelques minutes, le ciel prend une couleur de cendres. La nuit tombe sur Nîmes en plein jour. Puis l'orage explose. Impitoyable. Dévastateur. Une pluie serrée hache l'air, laboure les terres, inonde les rues et sature les égouts obligés de déverser leur trop-plein sale et bouillonnant. Dans les bars, les commerces, les caves, partout l'eau s'infiltre, et nul ne peut véritablement s'opposer à la fureur des éléments. L'inondation ravage la ville, noyant sous des flots boueux Nîmes et ses alentours. En ce premier juillet, à cinq heures de l'après-midi, la colère des dieux s'abat sur la cité occitane.

Même une catastrophe de cette ampleur ne peut enrayer le miracle de la vie. Au moment même où se produit ce déluge, un enfant vient au monde. Il mêle ses cris au vacarme du tonnerre et annonce avec fureur son entrée dans la communauté des hommes. Cet enfant de l'orage, né un jour de courroux divin, c'est moi, Esteban.

Contrastant le chaos qui a marqué le jour de ma naissance, mon enfance est paisible et heureuse. Mes parents ne sont pas riches, loin de là, et nous vivons dans un quartier populaire. Mais le manque d'argent est largement compensé par l'amour que me prodiguent mon père et ma mère. Je suis un enfant souriant, mais rêveur et plutôt solitaire. Je vis dans ma bulle, sous la bienveillance de ma famille.

Les choses commencent à évoluer lorsque nous déménageons en plein cœur de Nîmes. À un jet de pierre des arènes. L'immeuble est une bâtisse pleine de charme datant de la fin du XVIIe siècle. Mes parents ont acheté un appartement au rez-de-chaussée, un peu sombre, certes, mais doté d'un atout capital pour un enfant de quatre ans : un jardin !

Avant le déménagement, ma chambre, mon nouveau royaume, me semblait parfaite en tous points. Mais tout change la première nuit où je dors dans ma nouvelle chambre. Comme elle le faisait auparavant, ma mère vient m'embrasser dans mon lit et éteint les lumières. Je ne suis pas un enfant craintif, et je n'ai jamais eu peur du noir. Sauf ce soir-là. À peine la porte est-elle refermée qu'un ressenti étrange commence à m'envahir. Une présence, un être invisible est avec moi dans la chambre. De plus, j'ai la sensation que quelqu'un appuie sur ma gorge, au point que j'en ai le souffle coupé. Un sentiment de panique envahit la moindre fibre de mon corps. J'enfouis ma tête sous le drap et me force à fermer les yeux. Il faut que je dorme ! Cette « chose » va partir si je m'endors. Mais les minutes s'égrènent, et je ne parviens toujours pas à trouver le sommeil. Je suis tétanisé, incapable de me lever et de traverser la chambre pour aller me réfugier dans les bras de ma mère. Ce n'est que tard dans la nuit que, vaincu par la fatigue, je finis par m'endormir. Mais l'ombre silencieuse est toujours là.

Elle ne partira jamais. De nuit en nuit, j'apprends à la connaître. Le prénom Anna résonne en moi comme une évidence. Cette entité a été une femme et elle est morte en ce lieu. Suicidée par pendaison. D'où la sensation d'étouffement de la première nuit. Comment l'ai-je appris ? Parce que, bien que très jeune, alors que je ne suis pas entré dans ma cinquième année, je suis déjà médium. Et parce qu'un médium perçoit les choses, il les capte, elles s'imposent à lui comme des évidences. Au fil des nuits, sans recours au langage verbal, cette femme communique avec moi et m'explique ce qu'a été sa vie. Elle n'est pas mon ennemie, juste une âme perdue…

Anna m'accompagne au fil des années, jusqu'à devenir une sorte d'amie invisible. Je n'ai jamais cherché à dialoguer avec elle. Mais un fil énergétique nous relie. Elle est bienveillante avec moi, tout comme je le suis avec elle.

C'est vers l'âge de dix ans que je parle de cette présence à ma mère. Je n'évoque pas la médiumnité, mais juste une intuition. Intriguée, elle effectue des recherches. Une femme s'est effectivement suicidée par pendaison dans cet appartement. Très exactement dans la pièce qui est devenue, bien plus tard, ma chambre. Je n'en suis pas étonné. Je le sais.

J'ai conscience qu'Anna, d'une certaine manière, a abandonné ses enfants en choisissant de se donner la mort. Je suis, pour elle, un fils de substitution. Une âme errante a adopté un être de chair. La rencontre de deux solitudes.

La frontière entre le monde visible et le monde invisible est souvent ténue. La matérialité nous sépare, mais nos âmes sont semblables et peuvent se retrouver sur un autre plan.

Ma « rencontre » avec Anna est une sorte de déclencheur. De ce jour, mes capacités de voyant comme de médium ne font que s'amplifier. Trop, sans doute, car il suffit d'un simple contact physique avec une personne pour que des flashs me submergent. J'en viens à redouter toute sortie en dehors de chez moi. Toute proximité avec un être.

Même à l'école, je garde une certaine distance avec mes camarades. Des amitiés se nouent autour de moi, mais le gamin que je suis est tétanisé par la proximité physique. Toute personne, proche de moi, m'envoie des flashs sur son passé comme sur son futur.

À l'époque, ces flashs, je les refuse. Pire, je les crains. Intuitivement, je sais que je dois me taire. Je n'en parle à personne. Mais comment vivre avec ce don ? Je n'ai pas la réponse à cette question.

J'ai beau me protéger, je ne peux éviter le contact physique avec mon entourage. Un jour, une dame que je ne connais pas rend visite à ma mère. Elle nous présente, et cette femme très bienveillante avec le gosse que je suis m'embrasse sur la joue. Le flash est immédiat, je vois un jeune homme en uniforme dans un pays lointain. Je visualise une terre desséchée. Une balle transpe… jambe de ce garçon. Je vois du sang, je blêmis. Je … les yeux pour mettre fin à la vision, mais rien n'y fait. Le sang coule sur la jambe gauche du soldat, et de cette blessure, il ne se remettra jamais totalement. Durant toute son existence, il gardera une claudication que rien ne pourra soigner. Comme d'habitude, je me tais. Moins d'un mois après, j'apprends par ma mère que le fils légionnaire de cette dame a été blessé lors d'une embuscade. Je ne dis rien. Je sais seulement que ses jours ne sont pas en danger, mais que sa blessure ne guérira jamais véritablement. Les chairs sont trop endommagées.

Toutes ces visions me perturbent, mais elles ne m'inquiètent pas outre mesure. Je sais que je suis différent des autres garçons. Même très jeune, j'en ai parfaitement conscience. Mais je me sens protégé. Rien de mal ne peut m'arriver, et même Anna, qui m'avait semblé si menaçante la première nuit, est devenue une sorte d'amie virtuelle.

Lorsque je ressens un trop-plein d'émotions négatives liées à la voyance, le piano me sert d'exutoire. J'ai commencé son apprentissage dès l'âge de quatre ans, et depuis lors, il est le confident de mes peines et de mes joies. Par lui, je peux exprimer tout ce que je ne dis pas aux autres. Si tu veux savoir ce que je ressens, écoute ce que je joue…

Le chapitre de mon enfance s'achève avec le décès brutal de ma grand-mère. Arrêt cardiaque, une mort totalement imprévisible. Et pourtant, le jour même, j'annonce à ma mère : « On ne reverra plus mamie ». Elle est morte l'après-midi même.

Ma grand-mère était pour moi une seconde maman. La douleur fut immense. Elle a emporté l'innocence de l'enfance et a détruit les dernières barrières psychiques qui me séparaient encore du paranormal. J'avais dix ans. Je n'avais plus le choix. Je devais maîtriser ce don, avant qu'il ne me fasse perdre la raison. Une autre option s'offrait à moi. Ce fut celle que je choisis. Plus radicale. Plus rapide. Et, je l'espérais, plus définitive…

3

Possession

Univers musical : *Nocturne, opus 9,* numéro 2, de Frédéric Chopin

Puisque la voyance ne veut pas me quitter, c'est moi qui la fuirai ! Ainsi en ai-je décidé, du haut de mes dix ans. À partir de cet âge, je m'investis corps et âme dans mes études musicales. Me concentrer sur l'interprétation d'une œuvre me permet de me couper des personnes qui m'entourent, et donc de ces flashs qui s'imposent à moi quotidiennement.

Mais la nuit, lorsque je dors, la voyance se joue de mes faibles barrières psychiques. Dans mon cerveau tourmenté voltigent des images, des sons, des prénoms… Et lorsque vient l'heure du réveil, je suis souvent épuisé et totalement désorienté. Me reconnecter à la réalité et me convaincre que je suis en sécurité, chez moi, dans ma chambre d'enfant, me demande un effort de volonté considérable. Mais j'y parviens toujours. Je serre les dents. Je sais qu'un jour, je serai plus fort que le don. Je le repousserai loin de moi. Et je vivrai enfin une vie normale, sereine, apaisée. Tout ce que je n'ai pas encore.

Fallait-il que je sois candide pour croire que je pourrais un jour chasser le don, tel un intrus qui s'introduit chez moi. Nul ne peut décider de s'approprier ou de rejeter le don. En ce domaine, seul le destin décide. Car il a pour nous des projets que nous ignorons. Et mes risibles tentatives d'échapper à ma destinée, en noyant voyance et médiumnité sous des flots de musique, ont fini par se retourner contre moi. On ne défie pas le don. Je l'ai appris à mes dépens.

Printemps deux-mille-un. Élève du Conservatoire, je participe au traditionnel récital de ma classe de piano. Pour l'occasion, un parterre de professeurs et de parents d'élèves assiste à la représentation. Sur les quinze élèves de ma classe, cinq se sont déjà produits sur scène. Avec des succès divers. Les applaudissements sont peu fournis. Car chaque famille est là pour encourager son champion. Applaudir un concurrent se fait donc avec une certaine retenue.

Lorsque vient mon tour, je me sens calme et déterminé. Je maîtrise parfaitement la pièce que je dois jouer. Je m'avance sur scène, engoncé dans un costume trop petit pour moi. C'est celui que mes parents m'ont acheté l'année passée pour la même occasion. Mais à treize ans, je suis encore tellement peu développé physiquement que le costume fait toujours illusion sur moi. Fluet, « endimanché », et un peu gauche dans mon attitude, le moins que l'on puisse dire est que je ne paye pas de mine. Les familles de mes camarades ne peuvent s'empêcher de sourire. Cet avorton mal fagoté ne saurait être un rival sérieux pour leur progéniture.

Indifférent aux regards moqueurs, je m'assieds sur le tabouret et je ferme les yeux. Je ne joue pas, je me concentre. Au bout de quelques secondes, des chuchotements impatients s'élèvent dans la salle. Je ne les entends pas. Je n'entends plus rien. Je suis déjà entré dans un autre monde, celui de la musique. Enfin, je pose mes mains sur le clavier, je me sens prêt à livrer mon interprétation du *Nocturne, opus neuf, numéro deux*, de Chopin.

Soudainement, alors que ma main se lève pour jouer la première mesure de l'œuvre, je sens un grand froid m'envahir, des frissons parcourent tout mon être. Je blêmis, je pressens ce qui est en train de se produire... La transe médiumnique est violente, soudaine, incontrôlable. Je perds toute maîtrise de mon corps. Ma volonté est anéantie, mais mes doigts sont littéralement électrisés. Ils courent sur le clavier, comme animés par une vie propre. Je suis un être physique, habité par une autre volonté que la mienne. Je deviens comme spectateur de moi-même. Je ne joue pas du Chopin, il est moi, et je suis lui. Une véritable fusion des âmes et des esprits se produit.

Je joue à en perdre la raison, je joue jusqu'à l'épuisement, jusqu'à la dernière note de l'œuvre qui voltige dans l'air, comme un papillon fou. Mes mains s'immobilisent et un grand silence se fait en moi. Je suis en état de choc. Il faut plusieurs dizaines de secondes, une minute peut-être, pour que mon esprit reprenne pleinement possession de mon corps. Je tremble comme une feuille sous le vent d'automne.

J'ouvre les yeux avec difficulté et regarde autour de moi sans comprendre. La clameur est immense, le public est debout et applaudit à tout rompre. Je m'effondre sur le piano, et je fonds en larmes, vaincu, épuisé par le don. Je suis traumatisé, mon corps ne m'appartient plus. J'ai perdu tout contrôle de ma vie, et je n'en peux plus. Il faut que je trouve une solution.

Quelques jours me sont nécessaires pour que je comprenne ce que je dois faire : chercher le chemin de la spiritualité.

Lorsque j'entre dans l'église, je n'en mène pas large. Je n'ai pas l'habitude de fréquenter un lieu de culte. Et encore moins de prier. Et pourtant, je suis là pour cela. Prier Dieu pour qu'il me délivre du mal. Car je suis désormais persuadé d'être habité par quelque chose de profondément négatif, l'expérience du récital de piano me l'a prouvé.

Il y a quelques jours, sans expliquer pourquoi, j'ai posé une question à ma mère. Je lui ai demandé si elle pensait possible que l'on soit contrôlé par une autre volonté que la sienne. Elle a éclaté de rire. Ce rire – bien que tendre – m'a blessé comme une lame de couteau. Elle m'a caressé la joue et a seulement répondu : « La possession, c'est un truc de film, tu regardes trop la télévision ! » Fin de l'échange. Je suis resté seul avec mes questions, et ce mot terrible lâché par ma mère : « possession ». Depuis lors, il tourne dans mon crâne comme un vautour autour d'un cadavre. Je suis possédé et seul Dieu peut me sauver. C'est ma certitude.

Je me sens emprunté dans ce lieu de prières. Je ne

sais trop quelle attitude adopter. J'avise une vieille dame, agenouillée devant un banc qui égrène son chapelet. Je n'ai pas de chapelet, et je ne connais de toute façon pas de prières. Mais je calque mon attitude sur la sienne. J'entre dans une travée et je m'agenouille sur une mauvaise planche de bois. Et maintenant, que faut-il faire ? Quelle incantation magique dois-je prononcer pour être délivré du mal ? Je n'en sais rien. Aussi, je répète comme un mantra cette simple formule dans mon esprit : « Dieu, rends-moi normal, délivre-moi du mal ». Je ne sens aucun changement en moi. En revanche, je perçois sans difficulté les ondes qui vibrent dans ce lieu.

L'endroit est chargé d'histoire, chargé d'émotions. Ici, on a ri, pleuré et chanté. Entre ces murs, on s'est battu aussi, je vois des soldats… Je ferme les yeux, je ne veux plus voir, je ne veux plus rien ressentir. Je marmonne à voix basse « Dieu, aide-moi ! » Mais seul le silence sépulcral de l'immense vaisseau de pierre me répond. Je tente une ultime supplique : « Dieu, pourquoi moi ? » Je ne reçois pas plus de réponses. Je suis seul face à mes questions.

Je me relève, dépité, mais avant de sortir de l'église, je trempe mon doigt dans un bénitier et trace une croix sur mon front. À défaut de réponse, peut-être Dieu peut-il m'accorder une protection ? Je n'en suis pas convaincu, mais un miracle est toujours possible…

Le miracle eut lieu. Mais pas en cette église. Dieu guida mes pas en dehors de sa maison.

4

L'Œil d'Horus

Je tourne autour de la boutique ésotérique depuis des semaines sans oser y pénétrer. C'est, à mes yeux, le temple du savoir. Je suis persuadé d'y trouver toutes les réponses à mes interrogations. Encore faut-il avoir le courage d'en franchir le seuil ! Je tente plus d'une fois de pousser la porte du magasin, mais je suis, chaque fois, paralysé par la timidité. Je renonce alors, remettant toujours au lendemain ce voyage en terre inconnue.

Mais il y eut un jour différent des autres.

C'est un mercredi après-midi. Comme d'habitude, je passe devant la boutique. Je ne peux faire autrement, car elle se trouve sur le chemin que j'emprunte pour aller au Conservatoire. Comme à chaque fois, je m'arrête devant la vitrine. Je scrute l'intérieur du magasin, espérant y découvrir quelque inaccessible Graal qui me donnerait toutes les réponses de l'Univers. Pour une fois, je ne vois pas le propriétaire. Il est assis généralement derrière son bureau, au fond de la pièce. Et souvent, nos regards se croisent. Ce qui a pour conséquence de me faire fuir aussitôt, tel le voleur que je ne suis pas. Je profite donc de son absence pour observer à loisir l'intérieur du magasin. Je suis tellement absorbé par ce que je vois que je n'entends pas la porte s'ouvrir. Une voix tout près de moi me demande : « Bonjour, tu veux entrer ? » Le propriétaire est là, à un mètre de moi, et me regarde avec un air interrogatif. Je me sens rougir jusqu'à la pointe de mes oreilles. J'ai envie de prendre mes jambes à mon cou, mais il est trop tard pour fuir. Mortifié d'être découvert dans la position peu glorieuse du voyeur, je bafouille un « oui » à peine audible. Le propriétaire sourit, s'efface et me tient la porte, tel le groom d'un grand hôtel. Je n'ai plus le choix. Je franchis les quelques pas qui me séparent de l'intérieur de la boutique. Je suis enfin dans le Saint des saints.

Mon premier ressenti est la vibration de la pièce dans laquelle je viens de pénétrer. Elle est apaisante, rien de négatif ne rôde en ce lieu. Cela fait un peu retomber mon stress. Sur la droite se trouvent des rayonnages qui ploient sous le poids d'une centaine d'ouvrages ésotériques. La grande bibliothèque d'Alexandrie ne m'impressionnerait pas plus. Je suis persuadé que dans ces milliers de pages se trouvent cachés tous les secrets de l'Univers. Je n'ose pas m'en approcher, je préfère me tourner vers la série de vitrines, alignées sur le côté gauche. Là se trouvent d'autres trésors que je découvre avec émerveillement. Des jeux divinatoires richement décorés, des bijoux scintillants ornés de pierres, des boules de cristal, de l'encens, des huiles aromatiques et des bougies parfumées dont les senteurs m'enivrent…

Je suis au paradis. Saturé de sensations olfactives, comme visuelles, je me détourne des vitrines et me dirige vers la bibliothèque, le réceptacle de toutes les connaissances. Je la parcours du regard. Les pensées qui tourbillonnent en moi sont contradictoires. Je veux savoir, mais en même temps, j'en ai peur. Que vais-je apprendre sur le don ? Suis-je un damné de la Terre ? Toutes les connaissances sont là, à portée de main, et pourtant, je n'ose m'emparer d'aucun livre pour le feuilleter.

Je regarde autour de moi, j'ai vu tout ce qu'il y avait à voir. Je n'ai encore rien appris, et pourtant, je me sens bien. Chez moi. Dans mon univers. Intuitivement, l'âme de cette boutique « me parle ».

Arrivé au terme de mon parcours exploratoire, je jette un coup d'œil vers le patron. Depuis le début, je sais qu'il m'observe, je sens son regard posé sur moi. Il me sourit et me dit : « Si tu as des questions, n'hésite pas ». S'il savait ! Des questions, j'en ai des dizaines à lui poser ! Mais je me contente d'un sobre : « Merci, je regarde ». Je me traite d'imbécile et retourne vers les vitrines, comme si j'étais en quête de quelque chose de précis. Pour me donner une contenance, je refais deux ou trois fois le tour de la boutique.

Mais je sens bien que mon manège vire au ridicule. Je respire un grand coup et dirige mes pas vers le bureau. Je tente de prendre un ton assuré et demande :

— Vous pouvez me conseiller pour un jeu de cartes ?

Le patron me dévisage comme s'il me découvrait et lâche, un peu encourageant :

— Tu es bien jeune pour t'intéresser à ça !

Je sens que ce n'est pas dit méchamment, mais plutôt avec étonnement. Je sais que je pourrais mentir et dire que je veux offrir un cadeau à quelqu'un, mais au risque de paraître stupide, je préfère dire la vérité.

— J'ai des ressentis. Je sens des choses. J'ai besoin, enfin… je ressens le besoin d'avoir un jeu de cartes, c'est une nécessité pour moi.

— Une nécessité ? me répond-il en écho.

Il ne sourit plus. Il me regarde d'un air que je ne saurais déchiffrer. Amusement ? Incrédulité ? Il jette un coup d'œil vers la vitrine dans laquelle sont placés les jeux de cartes, puis reporte son regard sur moi. Il semble hésiter. Je me demande s'il y a un âge minimum pour acheter un jeu divinatoire. Je n'avais pas pensé à ça. Du haut de mon mètre cinquante, je peux difficilement prétendre être majeur. Je sens que le moment est critique. Mais il lève sa grosse paluche, m'ébouriffe les cheveux et me dit :

— Eh bien, on va voir ça, bonhomme !

Il sort une petite clef de sa poche, s'approche de la vitrine et déverrouille la porte qu'il ouvre en grand.

— Lequel t'attire ?

Sans hésiter, je lui désigne une boîte noire et dorée qui a immédiatement capté mon attention. Il sort le jeu avec précaution et me le tend.

— L'Oracle de Belline, ce n'est pas un mauvais choix. Classique, efficace et beaucoup plus accessible qu'un Tarot de Marseille. C'est un jeu complexe, mais tu peux facilement en assimiler les bases.

Bien évidemment, je n'ai pas le premier sou vaillant en poche. Je demande, d'une voix timide :

— Vous pouvez me le mettre de côté ? Je viendrai le chercher samedi après-midi.

Il rit franchement et me répond :

— Je te promets de le mettre au fond d'un coffre-fort jusqu'à ce que tu reviennes. Si tu reviens un jour…

— Je vous assure, Monsieur, je serai là samedi !

— D'accord, mais cette fois-ci, entre directement dans la boutique, au lieu de m'espionner à travers la vitrine, on gagnera du temps !

C'est à mon tour de rire.

— Je…

— Oui, je sais, me coupe-t-il, tu n'osais pas rentrer. Mais comme tu peux le constater, il n'y a pas de monstre ici. À part moi, peut-être !

Je me sens totalement idiot et commence à reculer vers la porte.

— Attends, ne pars pas si vite, m'interpelle-t-il.

Je me fige, ne sachant à quoi m'attendre.

— Viens par là.

Il m'attire vers son bureau, fouille dans une panière de pierres et en sort une qu'il fait miroiter devant mes yeux.

— Tu sais ce que c'est ?

Je secoue la tête négativement.

— L'œil du tigre, la pierre qui donne force et courage. Elle protège des mauvaises énergies. Mets-la dans ta poche tous les jours, tu ressentiras ses bienfaits.

— Je la prendrai samedi, je n'ai pas d'argent sur moi.

— C'est un cadeau, pitchoune. Prends-la et file, puisque je te fais si peur.

— Merci, Monsieur.

— Monsieur ? J'ai l'air si vieux que ça ? Mon prénom est Michel. Et toi ?

— Esteban.

— Eh bien, à samedi, Esteban le cartomancien !

Je ne peux m'empêcher de rire. Je sors de la boutique et lui fais un petit signe de la main à travers la vitrine. Je sprinte vers le Conservatoire. Je suis très en retard. Mais je m'en moque, je sais intuitivement que le cours de ma vie vient de changer.

5

Les maudits de la terre

Univers musical : *Clair de lune*, de Claude Debussy

La semaine traîne en longueur. J'ai compté et recompté mon maigre pécule, j'ai suffisamment économisé pour acheter mon jeu divinatoire. Reliquat d'un argent de poche que je dépense peu. Je ne sors pas et je me moque des vêtements, mon seul luxe est un CD de musique classique que j'achète de temps à autre. Je n'ai aucun goût pour le superflu ou l'apparence. Je vis dans un monde simple, fait de choses essentielles.

J'ai prétexté une répétition impromptue pour un prochain récital de piano, afin de m'évader en ce samedi après-midi. Mes parents me croient sur parole. Je n'ai jamais posé le moindre problème. J'ai une auréole posée sur la tête. Je suis un diable déguisé en ange. C'est ainsi que je me vois. Un être d'apparence pure, habité par le démon. « Possédé », selon le mot de ma mère. Mais je ne me pose plus de questions. Je sais que j'ai rendez-vous avec mon destin. À L'Œil d'Horus, la boutique ésotérique.

Je pousse la porte du magasin et me heurte à une femme en larmes. Elle file comme si elle avait le diable à ses trousses. Comme d'habitude, Michel est là, derrière son bureau. Je le regarde, interrogatif, je n'ose pas l'interroger. Il sourit tristement et me dit :

— Si l'on ne veut pas savoir, il ne faut pas poser de questions.

Cette phrase résonne douloureusement en moi. Je veux savoir, mais je redoute les réponses. En guise d'explication, Michel ajoute :

— C'est une consultante.

Je le regarde, interloqué, et j'avise les cartes étalées sur son bureau. Je demande :

— Vous êtes voyant ?

Il me transperce de son regard couleur turquoise.

— Tu penses vraiment que tu es le seul extra-terrestre dans ce monde ?

J'en ai une bouffée de chaleur, je ressens des ondes de pur bonheur. Enfin, j'ai rencontré l'un des miens ! Un paria de la Terre, atteint de la même malédiction que moi.

— Allez, approche, j'ai ton jeu.

Je me tourne vers la vitrine.

— Non, je t'ai dit *ton* jeu ! Celui que tu as choisi. L'oracle qui est en vitrine est un autre exemplaire. Le tien, c'est celui-ci, dit-il en le sortant du tiroir du bureau. C'est le jeu qui t'a parlé, il est à toi. Prends-en soin, c'est un ami pour la vie.

Je m'empare du jeu avec respect. De ma poche, j'extirpe quelques billets froissés que je pose sur le bureau.

— Merci, Esteban, et maintenant, assieds-toi. Depuis ta première visite, je sais que tu brûles d'envie de me poser des questions.

Je me pose sur la chaise abandonnée par la consultante éplorée. Par quoi commencer… ? Je débute par ce qui me torture le plus :

— Est-ce que nous sommes normaux ?

— Normaux ? Déjà, il faudrait définir ce qu'est la normalité. Tu veux dire quoi, exactement ?

— Les flashs, la possession, vous trouvez ça normal ?

— Pourquoi me parles-tu de possession ? Ça n'a rien à voir avec la voyance.

Alors, je me lâche, je lui raconte tout. Il n'y a aucune cohérence dans mon discours, je passe d'Anna au récital de piano, en évoquant les multiples flashs, je lui parle même des romans qui me tombent des mains. Car à peine sont-ils commencés que j'en connais la fin. Il me laisse parler, sans m'interrompre. Il ne marque aucun signe d'étonnement. Impassible, il absorbe ce flot d'informations que je n'ai jamais livré à personne. Quand, épuisé, je me tais, il conclut posément :

— Tu es médium. Et voyant.

Devant mon regard médusé, il reprend :

— Tu sais ce qu'est un voyant ?

Je hoche la tête.

— Oui, quelqu'un qui voit l'avenir.

— Définition basique, mais exacte. Et un médium, tu as une idée de ce que c'est ?

— Je ne sais pas trop…

— Un médium, Esteban, c'est quelqu'un qui est capable d'entrer en résonance avec un lieu, d'en ressentir les vibrations, de percevoir la présence de ceux qui y ont vécu. Car un lieu, c'est comme un livre de souvenirs, il garde l'empreinte de tout ce qui s'y est produit. Un médium a accès à ces informations. Mais un médium est capable de plus encore, car il peut entrer en contact avec des entités. Que ce soient des disparus ou des êtres de lumière, des êtres réalisés. Tu es un médium. Tu es donc capable de tout ça.

S'il voulait me rassurer, c'est raté, car cela me fiche encore plus la trouille ! À ma mine décomposée, il le comprend.

— Ça ne doit pas te faire peur, les entités ne sont pas négatives, bien au contraire. Fuis les âmes perdues, celles qui ne sont pas montées au ciel, ce sont, hélas, les plus faciles à capter. Concentre-toi sur les êtres de lumière, ceux qui ont souffert comme toi sur Terre et qui ont achevé leur parcours de réincarnation. Certaines entités sont encore d'une autre nature. Je n'aime pas le mot ange, car il renvoie à l'univers de la religion, mais comment les définir autrement ? Ils sont source de sagesse. Aucun livre sacré, aucun gourou ne t'aidera à comprendre leur nature exacte. Ils sont là, ça doit te suffire. Donc tu es voyant, car tu vois le futur, et médium, car tu captes cette dimension subtile qui te permet d'accéder à l'énergie d'un lieu ou à des êtres d'une nature éthérée.

Je n'ai pas tout assimilé. Je n'ai même pas compris tous les mots. Mais j'ai globalement pigé le sens. J'en reviens à ma question initiale, celle qui me tient tant à cœur.

— Mais nous sommes normaux ?

Il rit doucement.

— Mauvaise nouvelle pour toi, Esteban, la normalité est un leurre. C'est une apparence que nous renvoyons aux autres. Quand tu sondes le cœur et l'âme d'une personne, elle est très différente de ce qu'elle paraît être. Le monde est le théâtre des illusions. Toi-même, avec ton côté sérieux et inoffensif, tu n'es qu'une illusion. Tu perçois les misérables secrets de ceux qui t'entourent. Nous sommes tous porteurs de petits secrets bien peu avouables. Et pourtant, au milieu de cette fange, il y a notre âme. Un diamant brut. C'est ce qui nous sauve, mais le monde est peuplé d'êtres anormaux qui se donnent l'apparence de la normalité. Ça s'appelle « la société ».

Je me tais, incapable de répliquer quoi que ce soit. Mon cerveau est saturé d'informations que je mettrai des années à comprendre. Michel me regarde, attentif, il voit que je n'assimile pas tout ce qu'il me dit. Je suis comme un sol trop sec, incapable d'absorber l'averse d'été. Il soupire.

— Dis-toi seulement que nous sommes tous voyants, c'est un sens humain comme un autre. On appelle ça le sixième sens. C'est une part de notre humanité, il n'y a rien de surnaturel. D'ailleurs, l'intuition n'étonne personne, et pourtant, c'est le premier stade de la voyance. Toi, tu es voyant et médium depuis l'âge de quatre ans. Ça fait de toi un petit Mozart, et non un maudit.

— Et je peux arrêter d'être voyant ?

— Comme Œdipe, tu peux te crever les yeux, tu perdras la vue, mais tu continueras à être voyant. Il n'y a pas d'autre issue pour toi que d'assumer ce don, c'est comme ça que tu l'apprivoiseras. Je t'aiderai, si tu veux.

Je plonge ma main au fond de ma poche de pantalon, là où se trouve l'œil du tigre. Je sens la pierre rouler entre mes doigts. Me donnera-t-elle la force d'aller plus loin ? Si j'emprunte le chemin que me propose le don, est-ce que je connaîtrai la damnation du neuvième cercle de l'enfer ou l'extase du Paradis ? Je n'ai pas le choix. Je dois savoir. Je lance les dés.

— Je voudrais faire une consultation avec vous, prédire l'avenir à quelqu'un.

6

Voyance à deux voix

Nuit noire. Allongé dans mon lit, je réfléchis à ce que j'ai appris aujourd'hui. Près de moi, je ressens la présence bienveillante d'Anna. Une âme perdue, comme dirait Michel. Et pourtant, je l'aime bien. Elle ne me veut aucun mal. Elle est juste là, présente au quotidien. Qui gêne-t-elle ? Certainement pas moi.

Une phrase résonne dans mon esprit : « Le monde est peuplé d'êtres anormaux, qui se donnent l'apparence de la normalité ». Partant de ce principe, je serais donc normal, puisque je suis anormal. Cela me fait sourire. La logique de Michel ferait sans doute bondir mes professeurs, comme mes parents. A-t-il tort ou raison ? J'ai envie de le croire. Sa vision de la vie est plus rassurante que celle de ma mère. Je déteste l'idée d'être un garçon « possédé ». À choisir, je préfère être anormal, donc normal ! Je suis bien décidé à connaître la vérité. J'en ai les moyens. Michel m'a montré un chemin, à moi de le suivre…

Huit heures trente, cours d'anglais. Absorbé par mes réflexions, j'ai veillé une bonne partie de la nuit. Je ne suis pas totalement réveillé, mais il faut que je me concentre. Non pas sur le cours, dont je n'ai rien à faire, mais sur mes camarades de classe. Cachent-ils, comme le dit Michel, de misérables petits secrets ?

Cela n'est pas très glorieux, mais je m'attaque en premier lieu aux plus faibles. Ceux dont les barrières psychiques me semblent les moins développées. Théo, assis à quelques mètres de moi, est mon premier cobaye. Je le fixe en tentant de pénétrer son esprit. Immédiatement, les flashs arrivent. Une chambre d'enfant petite et encombrée, mais aussi des images d'adultes – sans doute ses parents – des gifles, des coups de ceinture. Visiblement, le pauvre Théo prend régulièrement des raclées. J'ai de la peine pour lui. La violence rythme le quotidien de son foyer.

J'enchaîne avec d'autres élèves. Je ne perçois en eux rien de particulier, mis à part de petits larcins dans les magasins, des mensonges véniels… N'en déplaise à Michel, je vois peu de choses qui permettraient de juger que mes camarades sont « anormaux ». Et s'il avait tort ? Cela me renverrait à la condition de « possédé ». Perspective peu réjouissante.

En désespoir de cause, je me concentre sur le professeur d'anglais. Et là, le tableau est tout autre. Cet homme a une double vie bien peu avouable. Sous le vernis de la respectabilité, cet homme marié entretient de multiples liaisons féminines.

Je ne m'intéresse plus aux élèves. Au fil de la journée, je me concentre uniquement sur mes professeurs. Et force est de constater que, oui, la vie est bien le théâtre des illusions. En une journée, grâce à mes enseignants, j'ai vu défiler les sept péchés capitaux.

J'en tire la conclusion qu'un enfant montre qui il est véritablement. Ce n'est qu'ensuite qu'un être apprend à travestir son âme. Sans doute vers l'adolescence. Cette perspective me fait réellement peur. Car le moment de quitter l'enfance ne saurait tarder pour moi. D'ici peu, comme les autres, je vais apprendre à me parer des voiles du mensonge. Mais n'est-ce pas déjà le cas ? Mis à part Michel, je cache à tout le monde mes facultés extra-sensorielles. J'excelle dans le rôle de l'enfant normal. Celui que je ne suis pas.

Chaque soir, dans le secret de ma chambre, je m'exerce à tirer les cartes. J'ai appris par cœur le livret explicatif de l'oracle. Suis-je devenu « Esteban le cartomancien » ? Peut-être, je le saurai samedi, jour de ma première consultation. Enfin, je l'espère, car Michel ne m'a fixé aucun rendez-vous précis.

Samedi après-midi, quinze heures. J'entre dans la boutique. Comme à l'accoutumée, assis derrière son bureau, Michel trône en son royaume. Il lève la tête et sourit.

— Bonjour, Esteban, je t'attendais.

— Normal, vous êtes voyant, comme moi !

— Tu sais, quand tu me quittes en me disant « à samedi », je n'ai pas besoin des cartes pour savoir que tu vas venir. Un conseil : ne prends pas la grosse tête avec le don. La voyance est une école de modestie. Tu es peut-être voyant, mais il n'y a pas besoin de le revendiquer en permanence. Je n'apprécie guère les garçons prétentieux.

Moi qui étais arrivé débordant d'énergie et de bonne volonté, je me sens glacé de l'intérieur. Le rejet, déjà ? Nous n'avons même pas fait réellement connaissance. Dépité, je sens des larmes perler à mes yeux. Michel se radoucit.

— Eh ! Calme-toi. Je ne peux pas te parler sans que tu chiales ? J'ai tellement de choses à t'apprendre, il va falloir que tu évacues cette hypersensibilité. La contradiction est l'engrais qui enrichit le champ de tes idées.

Je le regarde, interloqué.

— Je n'ai rien compris.

— C'est normal, tu es un pitchoune !

Il part d'un rire dévastateur qui anéantit mes défenses. Du revers de la manche, j'essuie mes yeux et ne peux m'empêcher de rire avec lui. Je viens de vivre ma première leçon de la journée : savoir rire de soi-même et ne jamais se prendre au sérieux.

Une fois calmé, je lui demande :

— Vous avez des rendez-vous aujourd'hui ?

— Tu veux dire, à part toi ?

Visiblement, Michel est d'humeur taquine.

— Vous savez de quoi je parle…

— Eh bien, pour répondre à ta question, non, je n'ai pas de consultations prévues.

Devant ma mine dépitée, il m'explique :

— J'ai rarement des rendez-vous, les clients viennent, me parlent, et quand je vois que c'est utile pour eux, je leur tire les cartes. Je ne me fais pas payer pour ça, c'est un service que je rends. Donc on verra cet après-midi si un client a besoin d'être éclairé sur son avenir. Esteban, apprends à laisser le temps au temps. Chaque chose arrive en son heure.

Je n'ai aucune envie d'être patient, et encore moins « d'attendre mon heure ». Je ronge mon frein. Je me laisse tomber sur une chaise avec un air boudeur.

— Tu n'es vraiment qu'un gosse ! La vie t'apprendra la patience. Comme elle t'enseignera d'autres vertus, dont tu sembles totalement dénué !

Je m'apprête à répliquer, lorsque la porte s'ouvre. Entre une dame d'un certain âge, très digne. Je la regarde et je perçois en elle des ondes de chagrin. Je me lève et recule vers les vitrines. La vie n'est pas un jeu, et face à cette femme en peine, ma présence dans la boutique me semble soudainement totalement déplacée.

À l'inverse, Michel se lève et s'approche de la cliente. A-t-il perçu comme moi la douleur de cette femme ? Je ne sais pas, mais il se montre très doux avec elle. Il l'interroge, prend le temps de l'écouter, lui propose la chaise que j'occupais quelques instants auparavant, et lui parle à voix basse, tel un curé en confession. Je n'entends rien de l'échange, mais je vois les larmes couler sur les joues ridées de la visiteuse. J'ai honte de mes propres larmes, car cette femme est véritablement en souffrance.

Je croise le regard de Michel. Je le fixe d'un air suppliant. Il sait ce que je lui demande. Je vois qu'il parle à notre visiteuse. Elle hoche la tête, en signe d'assentiment. Michel me fait signe d'approcher. Il dit à la femme :

— Je vous présente Esteban, mon jeune assistant.

Elle ne m'accorde aucune attention. Je n'en prends pas ombrage. Ce qu'elle veut, je le veux aussi : une consultation de voyance !

Michel ouvre son tiroir, et en sort son Tarot de Marseille usé jusqu'à la trame. Les couleurs sont fanées et le dessin des figures est parfois presque effacé par l'usure du temps. Il étale le jeu en éventail et demande à la consultante :

— Choisissez cinq lames.

Elle s'exécute et lui tend les cartes les unes après les autres. Michel les positionne en forme de croix sur le bureau. Il les retourne délicatement et la femme blêmit.

— Qu'est-ce que c'est ? gémit-elle.

Du doigt, elle désigne la carte qui domine le jeu. Un squelette, armé d'une faux.

— C'est symboliquement votre époux. Même s'il est décédé, il a une position dominante dans le tirage, car vous ne parvenez pas à faire le deuil de cet homme. Mais regardez ici, la lame de l'Étoile vous montre un nouveau chemin…

Je n'écoute pas, je ferme les yeux, je me concentre sur le mari disparu. Je coupe Michel au milieu de sa phrase.

— Pourquoi j'ai mal là ? dis-je en me massant la nuque. Il avait un problème au cou ?

La femme s'aperçoit enfin de ma présence. Elle me regarde, visiblement surprise.

— Il… il a chuté. Il s'est abîmé les vertèbres cervicales. Et il a gardé une raideur dans le cou durant toute sa vie.

Michel me foudroie du regard. Il reprend le cours de son discours :

— Je vous disais, apaisez-vous, un autre chemin s'offre à vous…

— Qu'est-ce qu'il avait au bras ? J'ai comme une douleur au bras.

Cette fois-ci, Michel claque du plat de la main sur la table, en signe d'agacement. La femme n'en a cure, elle ne veut pas connaître « cet autre chemin » que lui décrit Michel. Seul son défunt époux l'intéresse.

— Il était handicapé, il avait beaucoup de mal à bouger ses bras. C'était pour lui une souffrance physique quotidienne. Tu ressens autre chose ?

— Maurice, c'est un homme qui était proche de vous. Il vous a aimée lui aussi.

— C'était mon père, dit-elle.

— Votre père comme votre mari sont encore près de vous. Je ressens leur présence ici, avec nous.

Michel me regarde comme si j'étais devenu fou. La femme balaie la pièce du regard à la recherche des fantômes de son passé. Je vois que ses mains sont agitées de tremblements. Visiblement, je produis mon petit effet, j'en suis très satisfait. Je poursuis…

— Je vois une lumière rouge sur vous, sur vos yeux…

Cette fois-ci, c'est au tour de Michel de me couper la parole.

— Vous devez vous faire opérer des yeux ?

La consultante semble complètement perdue. Elle répond néanmoins.

— Oui, j'ai une intervention au laser prévue le mois prochain. J'ai un problème à la cornée.

— Donc la lumière rouge, c'est le laser, conclut Michel. Mais laissons cela. Je vous disais, vous pouvez emprunter un nouveau chemin…

La femme lève les mains en l'air, comme pour se protéger de toute nouvelle révélation. Elle semble très agitée.

— Je… je suis désolée, je suis un peu fatiguée. Je préfère qu'on arrête la séance. Je reviendrai, mais là… je suis un peu perturbée, j'ai besoin d'être seule…

— Je comprends, dit Michel, en rangeant ses cartes à regret. Vous savez où me trouver.

La femme se tourne vers moi.

— Et vous, jeune homme, vous êtes là souvent ?

Michel ne peut s'empêcher de rire.

— Hélas, oui, je le crains !

— Je reviendrai vous voir. C'était… très troublant.

Elle se lève et, tour à tour, nous gratifie chacun d'un « merci Monsieur ». C'est bien la première fois que l'on m'appelle « Monsieur » ! Je ressens des ondes d'orgueil me parcourir.

À peine a-t-elle franchi la porte que je me tourne vers Michel.

— C'était génial, hein ?

— Non, c'était l'inverse de ce qu'il faut faire.

— Pourquoi ? Je lui ai dit plein de choses vraies !

— Sans doute, mais dans quel état tu laisses cette femme ? Elle est encore plus perturbée que quand elle est entrée dans la boutique. Nous sommes là pour rassurer les consultants, les apaiser, leur montrer ce qu'il peut y avoir encore de beau dans leur vie. Pas pour faire un *show* de voyance !

— J'ai pas fait un *show*, je lui ai dit ce que je voyais.

— Pour l'amener vers quoi ?

— Vers quoi voulez-vous que je l'emmène ?

— Vers son futur, Esteban, il faut lui montrer le chemin qui s'offre à elle maintenant. C'est ça, l'essentiel. Tout le reste est superflu. Nous sommes là pour aider, soutenir, guider, pas pour parler des opérations au laser.

Je sens la colère monter en moi. Cet homme est jaloux, car il s'est montré incapable de voir ce que j'ai révélé à la consultante. Vexé, je tourne les talons et me dirige vers la porte.

— N'oublie jamais, dit une voix dans mon dos.

— Quoi ? je réponds, énervé.

— La contradiction est l'engrais qui enrichit le champ de tes idées.

Je claque la porte, agacé.

Une semaine plus tard, je suis de retour. Je ne peux déjà plus me passer de Michel, de sa gentillesse, de son humour et de sa sagesse. Il m'énerve, mais c'est pour cela que je l'apprécie. Il est la voie que je cherchais. Dieu m'a écouté. Il a guidé mes pas en dehors de sa maison.

7

L'apprenti

Univers musical : *Here comes the sun*,
de George Harrison/Les Beatles

Je partage désormais mon temps entre trois écoles : le collège, le Conservatoire et L'Œil d'Horus, mon lieu d'apprentissage de la voyance. J'y cours dès que mon emploi du temps me le permet.

Je ne parle à personne de mes visites à la boutique. Ni à mes camarades ni même à mes parents. C'est mon jardin secret. Je n'ose pas imaginer la réaction de mon père s'il venait à apprendre que, plusieurs fois par semaine, j'effectue des consultations de voyance. Car depuis ma première visite, Michel m'a appris à conduire une consultation. Se concentrer sur une seule question à la fois, hiérarchiser les réponses par ordre d'importance, aider le consultant à y voir clair dans sa vie, alterner la voyance pure et la lecture des cartes, sans jamais perdre le fil de son discours…

C'est bien la première fois que l'on m'apprend à structurer ma pensée ! Et de cette école-là, j'ai tiré beaucoup d'enseignements qui m'ont été utiles dans bien d'autres circonstances de la vie. Michel n'est sans doute pas un grand voyant, mais c'est un puits de sagesse. Il m'enseigne plus de choses sur l'existence que ne le fera jamais aucun professeur. Je le considère comme un second père. Un père spirituel.

Peu à peu, je me suis constitué une petite « clientèle ». Comme Michel, je ne demande pas de paiement en contrepartie de la consultation. Je suis là pour aider mon prochain, et non pour gagner de l'argent de poche. Un peu débordé par mon succès, Michel a fini par m'isoler dans une petite réserve dans laquelle je mène mes consultations. Il passe de temps à autre vérifier que tout se passe bien. Il n'est jamais loin. Il veille sur moi.

Lorsqu'il n'y a pas de clients, nous passons des heures à discuter. Il a toujours quelque chose à m'apprendre. Il me met en garde contre des pratiques déviantes : le spiritisme, car on ne trouble pas le repos des disparus, la sorcellerie, qu'elle soit blanche, rouge ou noire, car on ne joue pas impunément avec les forces occultes… Il est, dans ces moments-là, inhabituellement sérieux. Je sens qu'il y a des thèmes avec lesquels on ne doit pas plaisanter avec lui.

S'il est un sujet sur lequel Michel est peu bavard, c'est sa vie privée. Une des rares choses que j'apprends est qu'il a un fils. Mais depuis son divorce, cet enfant a disparu de sa vie. Il vit avec sa mère, et Michel a perdu tout contact avec ce fils unique. À sa manière d'en parler, je comprends que c'est une blessure qui ne cicatrise pas.

Et je devine que, d'une certaine manière, j'ai pris la place de ce gosse absent.

J'ai une infinie tendresse pour Michel, et pourtant, moi aussi, je l'abandonnerai quelques années plus tard. Sans doute en a-t-il eu la prescience. Car il me répétait souvent : « Tu verras, à l'avenir, tu feras de grandes choses », comme s'il savait qu'il ne serait plus là pour m'accompagner sur cette période future de mon existence. Pour un anniversaire, il m'a offert un bracelet composé de pierres protectrices. Déjà, il se retirait de ma vie, il savait qu'un jour prochain, il ne serait plus là pour me protéger. Un bracelet, même très beau, peut-il remplacer la tendresse d'un second père ? Non, et pourtant, aujourd'hui, c'est tout ce qu'il me reste de lui. Avec l'œil du tigre, bien sûr, qui ne m'a jamais quitté.

Les années passent, et même si je reste l'apprenti assidu de Michel, je m'ouvre à d'autres centres d'intérêt.

J'ai quinze ans lorsque je la croise. Elle est si belle que j'en ai le souffle coupé. Elle déambule, accompagnée de quelques copines dans la cour de mon bahut. Inconsciente de l'effet qu'elle produit sur moi, elle me dépasse sans même me jeter un regard. Je veux courir après elle, lui demander son prénom, lui offrir un Coca… mais je reste figé sur place. Comme l'idiot que je suis. Je n'ai jamais vu cette fille ! De quel conte de fées cette princesse provient-elle ? Une telle beauté ne peut passer inaperçue. J'aurais dû, au minimum, en entendre parler par les copains du collège. Par chance, je la vois s'arrêter et bavarder quelques minutes avec l'un de mes camarades de classe. Puis elle repart, entourée de ses amies, me laissant transpercé par la flèche de Cupidon.

Je fonce vers mon copain et lui demande, sans préambule :

— C'est qui ?

Il me regarde, un peu interloqué.

— Eh, oh, tu te calmes ! De qui tu parles ?

— La fille avec qui tu viens de discuter.

— Laura ? Oublie, dit-il en rigolant, c'est une bêcheuse !

— Elle est au bahut ? Je ne l'ai jamais vue !

— Rêve pas, tu ne la reverras plus ici. Elle est juste venue passer le brevet, les profs ont monopolisé le bâtiment C pour les épreuves d'autres collèges.

Je suis déconfit. Ne plus la revoir ? Hors de question. Il faut que je tente quelque chose. J'ose…

— Tu as son numéro de portable ?

— Esteban, arrête, c'est pas une fille pour toi. Regarde-la, super bien foutue, super sûre d'elle. Elle est du genre à sortir avec des mecs de dix-sept ou dix-huit ans. Nous, on ne l'intéresse pas.

— Je m'en fiche, je te demande si tu as son numéro de téléphone !

— Tu me saoules. Oui, je l'ai, mais tu vas te prendre un râteau, mon gars !

— C'est mon problème, donne-le-moi.

— Comme tu veux. J'ai ça dans mon répertoire, attends, je te trouve ça… Voilà, tu as de quoi noter ?

J'écris fébrilement les chiffres tant désirés sur une page de cahier. Je suis aux anges.

— Merci vieux, je te revaudrai ça.

— Trouve-moi le numéro de Miss Languedoc et on sera quittes !

On rit, mais déjà la cloche sonne. C'est l'heure de la reprise des cours. Avec mon camarade, nous regagnons la salle de classe. Toute la journée, je suis sur des charbons ardents. J'écris et réécris le message que je vais envoyer le soir même à Laura. Mon cœur fait son apprentissage. Comment dire avec des mots simples des choses profondes ?

Le soir, enfermé dans ma chambre, je tape enfin ce message mille fois retravaillé. Mon doigt reste en suspens au-dessus de la touche « envoi ». Un râteau ? Très certainement. Tant pis, j'appuie sur la touche et le texto file à travers les réseaux électroniques. J'attends dix minutes, l'œil rivé sur mon écran. Rien ne se passe. De rage, je jette le téléphone sur mon lit. Juste au moment où celui-ci bipe. J'ai un nouveau message.

8

L'éveil des sens

Il n'y a pas d'amour virtuel, il n'y a que de l'amour. Et dès nos premiers échanges dématérialisés, je ressens pour Laura des sentiments que mon cœur d'enfant ignorait jusqu'alors. Mais il n'y a plus d'enfant. Déjà, l'adolescent s'épanouit en moi.

Je dialogue avec Laura durant des jours et des nuits entières. L'amour me fait perdre l'appétit comme le sommeil, mais encore une fois, je ne dis rien. Mes parents pensent que je suis seulement fatigué. Les vacances d'été approchant, ils ne s'inquiètent pas outre mesure.

C'est un premier juillet, jour de mon seizième anniversaire, que je rencontre enfin la princesse de mes rêves. Le destin n'aurait pas pu m'offrir un plus beau cadeau.

Nous nous revoyons régulièrement par la suite et chaque instant passé ensemble nous rapproche un peu plus. Vient enfin le moment du premier baiser. Je le redoute autant que je l'espère. Je le redoute, car je sais pertinemment ce que provoque en moi une trop grande proximité physique avec un être.

Aussi, à l'instant fatidique, j'hésite, je tergiverse, je me noie dans un insipide flot de paroles. Pourtant, assis sur un banc, dans une allée isolée d'un parc romantique à souhait, l'instant semble idéal. Mais je ne peux me décider. Je suis paralysé par la timidité, autant que par le don. Finalement, sans doute agacée par mon comportement infantile, Laura attrape mon menton et tourne mon visage vers elle. Elle pose un doigt sur ma bouche pour me faire taire puis, doucement, approche ses lèvres des miennes. Nos bouches se joignent, et si je reçois une décharge électrique, cela n'a rien à voir avec le don. Je suis submergé par une vague de bonheur, anéanti par l'extase, je vole en compagnie des anges. De ce jour, je décide de donner mon cœur en offrande à cette déesse et me jure d'être son éternel serviteur.

C'est d'ailleurs ce que je dis à Michel, à qui je m'ouvre de cette extraordinaire aventure :

— C'est la femme de ma vie !

Il me regarde en souriant, je lis dans ses yeux toute la bienveillance du monde.

— Reste calme, Esteban, ne t'emballe pas trop, vis ce que tu as à vivre avec elle sans trop te projeter dans l'avenir. Vous êtes encore très jeunes l'un et l'autre.

— Et alors ? On s'aime, point ! Ça n'a rien à voir avec l'âge.

— La vie est longue, Esteban. Elle nous réserve bien des surprises, crois-en mon expérience…

— Tirez-moi les cartes !

Il soupire.

— Tu es sûr que tu veux vraiment savoir ? Tout savoir ?

— Même pas peur !

— Et que te dit ton intuition ?

Je hausse les épaules.

— Je peux voir plein de trucs pour les autres, mais je ne vois rien pour moi !

— Classique, un voyant est aveugle pour lui-même.

— C'est pas cool.

— Comme tu dis. Donc tu es vraiment décidé ?

Je hoche la tête en signe d'assentiment.

— OK, allons-y.

Il sort son jeu antédiluvien et l'étale sur la table. Je sais ce que j'ai à faire. Lui donner cinq cartes. Soudainement, moins sûr de moi, j'hésite. Je me concentre, essayant de deviner la valeur des lames devant moi. Michel comprend ce que je suis en train de faire.

— Ne triche pas…

— Mais je me concentre, c'est tout !

Il sourit. Il n'est absolument pas dupe. Je me décide finalement et tire à l'aveugle les cinq cartes qui vont dévoiler mon destin. Il les retourne une à une. Le Soleil, soit l'amour, est en dominante. Je rayonne. Sur moi se trouve Le Monde, et sur Laura, l'Étoile, deux cartes très positives. Enfin, sur le court terme, Michel découvre Le Pape, le symbole du couple. Sans être un expert du Tarot de Marseille, j'en sais suffisamment pour décrypter le sens du jeu.

— Alors, qu'est-ce que je vous disais ? C'est la femme de ma vie !

— Attends, le tirage n'est pas terminé.

Au centre de la croix est placée une ultime carte qui n'a pas encore été dévoilée. Elle correspond au moyen terme, c'est-à-dire à la période comprise entre trois et six mois. Michel la retourne doucement. J'ai une vision d'apocalypse. La Maison Dieu, une tour foudroyée par un éclair s'écroule, et deux personnages tombent dans le vide. Cette carte signifie la fin de toute espérance. J'en reste sans voix. Je me reprends et tire une nouvelle carte que je place sur La Maison Dieu.

— Retournez-la !

— Esteban, tu es sûr de toi ?

— Oui, Michel, retournez-la.

Il dévoile le Diable, soit le stress, la colère. Je sens l'agacement monter en moi. D'autorité, je place encore une carte sur Le Diable. Michel ne discute plus, il la retourne et dévoile l'Hermite, la solitude sentimentale, l'antithèse du couple. Je suis dévasté.

— Michel, c'est pas possible ! L'épanouissement sur moi ! L'Étoile sur elle, elle est l'astre qui éclaire ma route ! Et la carte du couple sur le court terme, pourquoi ça s'arrêterait d'un coup ?

— La voyance a ses limites, Esteban, je ne sais pas. Mais ce qui semble certain, c'est qu'un événement subi – et aussi imprévisible que la foudre – vous séparera. D'ailleurs, en voyance, lorsque je me concentre sur les cartes, j'ai une sensation d'inachevé, comme quelque chose qui se termine avant son terme prévisible.

— C'est nul, les tarots ! Laura m'aime autant que je l'aime, on ne se séparera jamais !

— Calme-toi, tu le sais, on peut parfois changer le cours du futur. Mais l'obstacle qui se dressera sur ton chemin sera redoutable.

— Le destin peut bien inventer ce qu'il veut, je serai plus fort que lui !

— En toute sincérité, je le souhaite de tout cœur, pitchoune.

Je quitte la boutique de fort mauvaise humeur, et surtout très fâché contre Michel. Que peut encore m'apporter cet homme ? Pourquoi s'obstine-t-il à ruiner mon couple ? D'ailleurs, a-t-il une femme dans sa vie ? Il me donne plutôt l'impression d'être un vieux célibataire. Il est jaloux, voilà tout ! Son jeu est bidon. Et d'ailleurs, sait-il réellement interpréter les tarots ? Ce que je connais de ce jeu, je l'ai appris par lui. Il y a peut-être une autre lecture possible des cartes. Je tirerai l'Oracle de Belline et je suis certain qu'il me dira autre chose. De toute façon, il peut bien garder ses cartes ! En voyance, je suis bien plus fort que lui. Il y a longtemps que l'élève a dépassé le maître. Le temps de l'école de la voyance est révolu. Je dois désormais voler de mes propres ailes. Je n'ai plus besoin qu'un maître me dise ce que je dois faire. Mon cœur sera désormais mon seul guide.

9

Les fêlures de l'âme

Univers musical : *Heroes*,
de David Bowie et Brian Eno,
interprété par Peter Gabriel

Nîmes a revêtu ses atours de fête. Il fait très froid en ce début décembre, et main dans la main, serrés l'un contre l'autre, Laura et moi déambulons devant les vitrines richement décorées. Depuis plusieurs semaines, je la sens tendue, inquiète. Je ne retrouve plus avec elle cette complicité qui nous a unis durant de longs mois. Ce jour-là, plus que d'habitude, elle est particulièrement silencieuse. Je ne tiens plus, je lui demande :

— Laura, dis-moi ce qui se passe, tu n'es plus la même. Tu doutes de moi ?

Elle m'adresse un triste sourire.

— Je n'ai jamais douté de toi.

— Alors ? Tu ne m'aimes plus ?

— Non, c'est pas ça, Esteban, j'ai des soucis.

— Tu sais que tu peux tout me dire.

Son visage se crispe.

— Tout ? Tu en es certain ?

— Tu sais que tu peux compter sur moi. Je ferai n'importe quoi pour t'aider.

— Tu ne peux pas m'aider.

Je suis piqué au vif.

— Et pourquoi pas ? Tu me penses si bête ?

Elle s'arrête en plein milieu du trottoir, quelques passants, surpris, nous bousculent involontairement. Elle soupire, ouvre la bouche, semble hésiter, puis lâche :

— Mon père est muté à Marseille.

Je la regarde, interloqué.

— Quand ?

— Il est militaire, il n'a pas le choix. Et moi non plus. On part dans un mois.

Je suis frappé de stupeur.

— Tu veux dire qu'on ne se verra plus ?

Défaitiste, elle hausse les épaules.

— Comment veux-tu qu'on se voie ? Marseille, c'est loin…

— Il y a le train !

— Et avec quoi tu le payeras ? Avec ton argent de poche ? C'est trop cher, tu y arriveras jamais.

— J'ai seize ans, je peux travailler !

— Arrête ! Tu comprends pourquoi je ne savais pas comment te l'annoncer ? J'étais certaine que tu réagirais comme ça. Sois lucide, tu ne vas pas abandonner ta carrière de pianiste. Tu as un avenir, et moi aussi. Mais moi… cet avenir est ailleurs.

— Tu renonces à nous deux, comme ça, en claquant des doigts ? En un instant ?

Elle secoue la tête, visiblement agacée par mes critiques.

— Écoute, ça fait des jours et des nuits que je réfléchis. Il n'y a pas de solution. Ça ne sert à rien de rêver. Que j'en aie envie ou pas, ma famille déménage à Marseille. Et je suis bien obligée de la suivre…

Je ne sais plus quoi dire. Je sens monter en moi une sourde colère.

— Donc on se quitte dans quatre semaines, c'est ça, le plan ?

— Non, je pense qu'il vaut mieux qu'on arrête maintenant. Ça ne sert à rien de nous faire encore du mal jusqu'à la fin du mois. Moi, ça fait des semaines que je ne dors plus avec cette histoire de déménagement. J'en peux plus. Je suis désolée, Esteban, je ne voulais pas ça, c'est la vie…

— C'est la vie ? Tu te fous de moi ! On pourrait, je ne sais pas, moi… s'enfuir loin de ta famille !

— Et on vivrait de quoi ? Tu rêves…

Je me recule de quelques pas. Je sens qu'un mur de glace est en train de s'installer entre nous deux.

— Tu as un mec à Marseille ? Si c'est ça, la vraie raison, dis-le-moi, ça sera plus classe !

— Je n'ai pas de mec à Marseille. Je n'ai que toi.

Je pars d'un rire mauvais.

— Oui, sauf que tu veux me quitter !

— Écoute, j'ai pas envie de m'engueuler avec toi. Et encore moins en pleine rue. Je comprends ta colère, mais qu'est-ce que tu veux que j'y fasse ?

Laura semble réellement désolée. Mais en même temps, je sens que sa décision est prise et qu'il est inutile de discuter plus longtemps. Elle me dévisage avec tendresse, resserre le col de son manteau, se rapproche de moi et dépose un chaste baiser sur mes lèvres. Elle murmure :

— Peu importe ce que tu penses, je t'ai aimé.

Elle se recule et me regarde longuement, comme si elle voulait à jamais graver mon image dans sa mémoire. Puis, sans un mot, elle tourne les talons et s'évanouit dans la foule, me laissant seul avec mon chagrin.

Le Destin vient de jouer son atout maître : La Maison Dieu. Je suis anéanti. Et pourtant, je n'ai pas encore touché le fond de l'abîme.

Quelques semaines plus tard, ma mère m'annonce qu'elle a pris la décision de divorcer. Elle quitte mon père pour un autre homme. Je suis abasourdi. Rien ne m'avait préparé à cela. C'est tout mon équilibre personnel qui s'effondre. Ma famille, ce refuge, ce cocon dans lequel je me ressource vole en éclats. Et mon cœur avec.

À partir de là, tout s'enchaîne très vite. J'apprends que mon père a décidé de partir à Montpellier, alors que ma mère va vivre avec son nouvel amour dans notre appartement. Dans quel foyer ai-je désormais ma place ? Je n'en sais rien. Je choisis de rester avec ma mère, à laquelle je suis profondément attaché.

La cohabitation avec mon beau-père ne sera pas durable. Sans doute, de manière différente, aimons-nous trop la même femme pour pouvoir la partager. De crise en crise, la situation devient rapidement intenable. Un soir du mois d'août, après une violente altercation avec le compagnon de ma mère, je prends la décision de partir et de rejoindre mon père à Montpellier. Mais avant, je veux faire mes adieux à Michel, je sais que je me suis conduit de manière inconséquente avec lui. Il n'était en rien responsable de ma rupture avec Laura.

Lorsque je franchis la porte, il se tient à sa place habituelle, derrière son bureau. Il lève la tête, et me regarde avec étonnement. Je suis prêt à encaisser tous les reproches qu'il voudra m'adresser, je les mérite. Au lieu de cela, il se lève, s'approche de moi et me serre dans ses bras.

— Le retour du fils prodigue, murmure-t-il.

Il en a les larmes aux yeux.

Je me dégage doucement de son étreinte et lui dis :

— Michel, je suis venu vous dire que je pars demain à Montpellier.

— Montpellier ? Mais qu'est-ce que tu vas faire là-bas ?

Alors, je lui explique tout. Le divorce de mes parents, ce beau-père que je ne supporte pas, la cohabitation devenue impossible… je ne parle pas de Laura. Il sait. Parfois, les mots sont inutiles. Particulièrement entre Michel et moi. Nous nous comprenons intuitivement.

Je le sens infiniment triste, mais il ne fait rien pour me retenir. Il me dit seulement :

— Va où le vent te porte, pitchoune.

Nous discutons encore quelques minutes, mais le cœur n'y est plus. Pour m'éclipser, je prétexte des courses urgentes à effectuer avant mon départ. Je pars le cœur lourd. Je viens de perdre un ami. Michel ne m'a jamais rien demandé et il m'a tout donné. Et c'est cet homme que je laisse aujourd'hui derrière moi. En quête d'un nouveau destin. Mais ai-je le choix ?

10

Le temps de l'insouciance

Le flash me saisit en pleine rue. Je ne suis plus qu'à quelques mètres de l'arrêt du tram, lorsque le film de l'accident défile devant mes yeux. Je vois une jeune fille happée par la rame, elle tombe au sol et je ressens une douleur fulgurante dans le dos.

Devant moi se tient cette fille. Elle est à peu de distance des rails. Le tramway arrive à vitesse réduite, il n'est plus qu'à quelques mètres d'elle. Inconsciente du danger, elle discute au téléphone. Elle se tourne légèrement, et son sac à dos est maintenant nettement sur le trajet de la rame. Le chauffeur klaxonne furieusement pour qu'elle dégage la voie, mais absorbée par sa conversation téléphonique, elle n'y prend pas garde. Je bondis sur elle, l'attrape par la capuche de son sweat et l'écarte violemment des rails. La jeune fille s'écrase sur moi, et instinctivement, je la serre dans mes bras pour l'immobiliser. Totalement désorientée, elle voit le tram passer à quelques centimètres de son visage. Je la sens se raidir contre mon corps.

Lorsqu'enfin le tram est immobilisé devant l'arrêt, je desserre mon étreinte. La jeune fille tremble comme une feuille. Elle tente de me remercier, mais est incapable de formuler la moindre phrase cohérente. Elle est en état de choc. Je l'aide à monter dans une rame et lui adresse un petit signe de la main.

Un remords m'envahit presque aussitôt. N'aurais-je pas dû la garder près de moi, et la réconforter ? Je regarde le tram s'éloigner, en me disant que je viens peut-être de commettre une erreur. Je ressens encore la chaleur du corps de l'inconnue contre le mien.

À ne pas avoir le courage de retenir un être, je prends le risque de rester seul avec le souvenir de Laura. Je dois profiter de ma nouvelle existence, ici, dans un environnement qui m'est étranger, pour y rencontrer une nouvelle âme sœur.

Les semaines suivantes, c'est animé de cette volonté que je pars épisodiquement à la découverte de ma cité d'adoption : Montpellier. J'apprends à apprécier cette ville, même si je n'y retrouve pas la chaleur de ma cité natale.

Installé dans l'appartement de mon père, je partage essentiellement ma vie entre le Conservatoire et le lycée. Je sors peu, car mes exercices au piano occupent tout mon temps libre. Je m'entraîne plusieurs heures par jour, jusqu'à en avoir les doigts raidis de fatigue.

La voyance se rappelle parfois à mon bon souvenir, mais je la chasse de mon esprit. Je n'ai plus de temps pour cela. L'époque des consultations dans la boutique de Michel est révolue, et même si je conseille parfois mes camarades de classe, je ne leur dis jamais que je suis voyant. Je cache mes prédictions derrière des raisonnements logiques. Au lycée, je suis devenu « le bon copain » à qui l'on se confie volontiers. Je limite l'usage du don à ces consultations épisodiques. Sauf quand le tram passe trop près d'une jeune fille…

Mon père – qui a pourtant toujours été mon premier fan en tant que musicien – m'exhorte à lâcher un peu le piano pour profiter de la vie. Il est pourtant de l'ancienne école, plus père sévère que papa cool, mais il se désole de me voir enfermé dans mes études et mes exercices musicaux.

Par ailleurs, lui-même part régulièrement le week-end pour retrouver sa nouvelle amie. Ma mère se reconstruit amoureusement, mon père aussi. Moi seul reste avec le souvenir de mon premier amour.

Je sais que mon père a raison. À vivre confiné dans notre appartement, je sens que ma créativité musicale s'étiole. Je dois me ressourcer en d'autres lieux, connaître de nouvelles expériences de vie… Aussi, lorsqu'Adrien, un copain du lycée, me propose d'aller prendre un verre avec lui dans un bar branché du centre-ville, je ne dis pas non.

Au fil des semaines suivantes, de bar en bar, de soirée en soirée, j'avoue que je prends goût à une nouvelle vie. Je ne délaisse ni mes études ni le piano, mais je ne déteste pas mettre un peu de légèreté dans mon existence.

C'est lors de l'une de ces nuits un peu trop arrosées que je fais la connaissance d'Élodie. Nous devenons rapidement beaucoup plus que de simples copains. Ni elle ni moi ne sommes dupes. Il ne s'agit pas d'amour entre nous, mais d'une complicité autant amicale que charnelle. Élodie vit avec sa mère, et lorsqu'elle m'invite à dîner chez elle quelques semaines après notre rencontre, j'ai un instant d'hésitation. Devant mon trouble, elle se moque gentiment :

— Ma mère va pas te manger ! Elle est super cool !

— Attends, tu me vois en face d'elle ? Qu'est-ce que je vais lui raconter ?

Elle soupire.

— On verra bien, te prends pas la tête, tu lui parleras du piano que tu aimes tant ! Ça te donnera l'air intello, dit-elle en riant.

Le soir convenu, j'enfile mon plus beau jeans et je me rends au domicile d'Élodie. C'est elle qui m'ouvre la porte. Elle dépose un smack discret sur ma bouche et m'entraîne dans un immense salon pavé de « barres », ce dallage fait de grandes pierres grises, typiques de Montpellier. Avec un tel décor, le moindre living prend des allures de château du Moyen Âge.

Debout, au centre du salon, se tiennent deux personnes. Une dame d'une cinquantaine d'années, que je juge très distinguée, et un jeune garçon âgé de quinze ans au plus.

— Bonjour, Madame, dis-je en serrant la main de la mère d'Élodie.

— Bonjour, Esteban, j'ai beaucoup entendu parler de toi. Mais appelle-moi Nicole. « Madame », c'est un peu formaliste. Je te présente Julian, le frère d'Élodie, dit-elle en désignant le jeune homme à ses côtés. Assieds-toi. Tu aimes le vin d'orange ?

Installée près de moi sur un canapé, vaste comme un lit king size, Élodie me souffle :

— C'est maman qui le fait !

Je comprends que je ne peux refuser et j'accepte avec empressement la proposition, sans même savoir ce qu'est du vin d'orange. La boisson est un peu amère, mais assez parfumée, et cela me change agréablement des pastis que j'ai coutume de boire avec Aurélien.

La conversation s'engage, simple, sympathique, fluide… Je ne me sens pas jugé par Nicole, mais accepté comme si j'étais un membre de la famille. L'apéritif aidant, les langues se délient. Et nous parlons de tout, du métier d'antiquaire de Nicole, de nos études, à Élodie et moi-même… Bref, sans réserve, nous évoquons nos vies actuelles, comme nos projets.

L'atmosphère est bon enfant lorsque nous passons à table. Le repas est à l'image de Nicole, simple, mais raffiné. Sans chichi, mais savoureux. Mon estomac est en train d'abdiquer devant le sublime fraisier que vient de nous servir Nicole, lorsque, pour une raison connue de lui seul, Julian prononce cette phrase fatidique :

— Vous avez déjà fait du spiritisme ?

11

Nuit spirite

Univers musical : B.O.
du film *Sixième Sens,* de
James Newton Howard

À ma grande surprise, c'est Nicole qui se montre la plus enthousiaste. Aucun d'entre nous n'a jamais pratiqué le spiritisme, mais l'idée de dialoguer avec l'au-delà semble follement exciter la mère d'Élodie. Nous n'avons pas encore terminé le dessert que déjà, elle réfléchit à la meilleure manière de pratiquer.

— J'ai vu dans des films qu'il fallait un guéridon à trois pieds. Je n'ai pas ça ici. Mais on pourrait peut-être essayer avec une table normale ?

Julian tente de soulever la table en bois massif de la salle à manger. C'est à peine s'il peut la décoller du sol.

— Elle est bien trop lourde ! À moins de contacter l'esprit de Hulk, je ne pense pas que ça puisse marcher.

— Il y a sûrement un autre moyen !

Évidemment qu'il y a une autre manière de pratiquer. Au fil des années, j'ai appris bien des choses à L'Œil d'Horus. Mais j'hésite à en parler, Michel m'a formellement déconseillé le spiritisme, qu'il juge comme une « pratique déviante ». Mais Michel, que j'adore comme un père, a-t-il toujours raison ? Même un père peut parfois se tromper… Je me lance :

— Julian, tu as des posters dans ta chambre ?

— Ouais, plein, pourquoi ?

— Tu as aussi des feutres ?

— Oui, de toutes les couleurs !

— Alors, apporte-nous un de tes posters et un feutre noir.

Il faut moins d'une minute à Julian pour me rapporter ce que je lui ai demandé. Je pose le poster sur la table, face imprimée retournée. Sur cette immense page blanche, j'écris les vingt-six lettres de l'alphabet en cercle. Au milieu de ce grand cercle, j'en forme un plus petit avec les chiffres de zéro à neuf. Puis, entre ces deux cercles, j'écris « oui » à droite et « non » à gauche.

— Eh bien, voilà, c'est prêt ! Nicole, auriez-vous un verre très léger ?

— C'est plus facile à trouver qu'un guéridon ! sourit-elle.

Elle fouille dans un buffet et en sort, triomphante, un petit verre à pied.

— Ça ira ? me demande-t-elle. C'est un verre à digestif.

Je soupèse le verre qui ne me semble pas bien lourd. Quelques dizaines de grammes, au maximum.

— Ça devrait aller, dis-je en le plaçant tête en bas au centre du poster.

— Et maintenant ? demande Nicole, impatiente.

— On pose tous un doigt sur le verre. Mais attention, il faut l'effleurer et ne surtout pas appuyer dessus.

Chacun pose délicatement un index sur le pied du verre. Rien ne se passe. Le verre reste immobile. Nicole et ses enfants se regardent, interrogatifs. Je leur dis d'un ton ferme :

— Restez concentrés !

Sans doute impressionnée par ma soudaine assurance, l'assemblée s'exécute. Nicole, Élodie et Julian fixent le verre, en l'effleurant du bout du doigt.

— Oh, punaise, je crois qu'il a bougé ! s'exclame Julian.

— Je sais, mais c'est toi qui l'as poussé, l'accuse sa sœur.

— Tu rigoles ? J'ai rien fait, j'ai juste posé le doigt dessus !

Comme pour leur répondre, le verre se remet en mouvement. Cette fois-ci, il glisse de quelques centimètres sur la feuille de papier. Élodie est la première à réagir.

— Julian, enlève ton doigt. Tu triches !

— Je te dis que c'est pas moi qui pousse le verre !

Il s'exécute, et comme pour lui donner raison, le verre commence à se déplacer en cercles.

— Maman, c'est toi ?

Sans même protester, Nicole enlève son doigt, alors que Julian repose le sien sur le pied de verre. Le résultat est le même, le verre continue à tracer une spirale sans fin sur le poster.

— Esteban, enlève ton doigt, me demande gentiment Élodie.

À mon tour, je retire ma main, mais le verre continue sa course infernale. Élodie est troublée, elle nous regarde tour à tour, puis demande :

— On fait quoi, maintenant ?

Nicole prend les choses en main.

— Eh bien, j'imagine qu'on fait comme dans les films. Esprit, es-tu là ?

Julian ne peut s'empêcher de pouffer. Immédiatement, le verre entame une course désordonnée sur le poster, traçant des cercles qui se croisent et s'entrecroisent. J'attrape le verre par le pied et le repose au centre de la table. Tous me regardent, interloqués. Je leur explique :

— Il faut lui poser une question.

— Mais j'ai posé une question ! se justifie Nicole.

— Oui, bien sûr, mais il faut lui demander qui il est, pourquoi il est là, quel est son message… ? Ce genre de choses.

— D'accord, je comprends, me répond Nicole, que je sens légèrement vexée.

Elle prend néanmoins la séance en main.

— Bonjour, Esprit, veux-tu parler à l'un d'entre nous ?

Le verre reste immobile quelques secondes. Puis il traverse la table de part en part, avec une vitesse surprenante. Assise en face de moi, Nicole est obligée de se redresser pour suivre le mouvement du verre. Il s'arrête à quelques centimètres du bord de la table. En face de moi.

12

L'histoire de Marie

— Je lève mon verre à la santé des esprits !

— Arrête, c'est pas drôle du tout.

Attablés à la terrasse d'un café, en plein centre-ville de Montpellier, Adrien et moi dégustons notre traditionnel pastis du vendredi soir.

— Sincèrement, tu ne vas pas me dire que tu crois à ces bêtises ?

— Aurélien, ce n'est pas une question de croyance, j'ai vu le verre se déplacer sur la table de mes propres yeux !

— Eh ben, dis donc, c'est puissant, le vin d'orange ! Je devrais essayer, dit-il dans un éclat de rire.

— Si tu avais été là, ce soir-là, tu ferais moins le malin.

— Il y a deux solutions. Soit tu te moques de moi, soit tu deviens dingue ! Et d'abord, c'était qui ton esprit ?

— Une femme que j'ai aimée par le passé.

— Et elle est déjà morte ?

Je sens que je vais encore essuyer les moqueries de mon ami. Patient, je complète, néanmoins.

— C'est une femme que j'ai aimée dans une autre vie.

— Une vie antérieure ? Tu veux me faire gober les vies antérieures, en plus du verre qui danse ?

Je soupire.

— De toute façon, toi, tu ne crois pas en grand-chose.

— Si moi, j'ai pas la foi, toi, il faut vraiment que tu arrêtes l'alcool, me dit-il en faisant mine de me retirer mon verre.

— OK, alors comment tu expliques que tout ce que nous a dit l'esprit est vrai ?

— Qu'est-ce que t'en sais ?

— Nicole, la mère d'Élodie, a tout vérifié le lendemain. Elle avait noté le moindre mot de Marie.

— Marie, je suppose que c'est le prénom de l'esprit ? me demande Aurélien d'un air goguenard.

Mon ami commence à m'agacer, je poursuis néanmoins :

— Oui, c'était l'esprit de Marie qui était avec nous ce soir-là.

— On nage en plein surnaturel ! Tu devrais écrire des scénarios de films. Mais admettons… admettons que tu dises vrai, elle vous a dit quoi, ton ex revenue d'outre-tombe ?

— C'est une longue histoire, on a parlé avec elle pendant au moins trois heures.

— Dis donc, elle est bavarde ta copine !

Je prends le parti d'ignorer les moqueries d'Aurélien. En quelques phrases, je lui trace les grandes lignes de l'histoire. Je lui parle d'une époque troublée, car la France sort à peine de la guerre de religion qui a opposé catholiques et protestants durant de longues et sanglantes années. Marie est fille d'un noble protestant, et moi, fils bâtard d'une grande famille catholique qui s'est investie corps et âme dans la guerre contre les huguenots. Mon père ayant même participé à la terrible nuit de la Saint-Barthélemy, durant laquelle des milliers de protestants ont trouvé la mort. Aurélien m'écoute, visiblement intéressé. Il ne peut cependant s'empêcher de lancer un trait d'humour.

— Sympa comme époque ! Et ça a donné quoi, ta *love story* ?

— Je te laisse imaginer à quel point la famille protestante de Marie a apprécié son idylle avec le fils – bâtard, en plus – d'un homme qui avait tué des milliers d'hommes et de femmes, au nom de la foi catholique.

— Ouais, sur ce coup-là, tu es clairement mal barré.

— À tel point que la famille de Marie m'a fait assassiner.

— Carrément ?

— Tu sais, à l'époque, ils ne faisaient pas dans la dentelle, ni les uns ni les autres. Marie a été ensuite mariée de force à un vieux barbon.

— Fin de l'histoire ?

— Presque, ma famille n'a pas laissé passer l'affront de mon assassinat. Même si j'étais un bâtard, j'avais été reconnu par mon père, qui m'avait donné un titre et des terres.

— Finalement, t'étais pas un mauvais parti, rigole Aurélien. Et alors, ils ont réagi comment de ton côté ?

— Un de mes frères a provoqué le père de Marie en duel et l'a tué.

— Franchement, vous êtes pas cool. Et Marie, elle s'est consolée avec son mari ?

— Non, elle s'est suicidée par désespoir.

— C'est d'un glauque, ton histoire ! Elle avait quel âge, quand elle est morte ?

— Dix-huit ans, comme moi, quand j'ai été assassiné.

— J'espère pour toi que le même schéma ne se répète pas de vie en vie, sinon, tu n'as plus longtemps à vivre ! Et tu as pu vérifier quoi, sur les révélations de ta copine ?

— Tout, absolument tout ! En trois heures, elle nous a livré des dates, la description de lieux, l'identité, comme les blasons de nos familles, le nom du roi, voire du pape de l'époque… et tout est juste. Nicole a acheté tous les bouquins disponibles sur la période. Elle a retrouvé la plupart des informations que nous a données Marie. Rien n'est inventé, et pourtant, ce soir-là, aucun d'entre nous n'avait les connaissances suffisantes pour inventer une histoire pareille. Les détails historiques sont trop précis.

— OK. Troublant. Je demande à voir. Je veux bien participer à une de tes séances.

— Toi, le mécréant qui ne croit en rien, tu veux faire du spiritisme ?

— Qui sait, peut-être que je retrouverai moi aussi une belle d'une autre vie ?

Ainsi de semaine en semaine, les séances s'enchaînent chez Nicole. Le spiritisme devient l'attraction du moment. Presque un jeu de société. Et le vin d'orange aidant, nous rions beaucoup lors de ces soirées. Mais rire avec les morts, est-ce bien raisonnable ? J'allais, sous peu, avoir la réponse à cette question.

13

Agression

Univers musical : *My Way*, de Jacques Revaux, Claude François et Gilles Thibaut, interprété par Franck Sinatra

Cette nuit est plus noire que l'enfer. À travers la fenêtre entrouverte, je devine, plus que je ne la voie, une pâle et triste lune, partiellement masquée par de lourds nuages gris. Lovée contre moi dans le lit, Élodie ronronne comme un chat.

Comme d'habitude, mon père est parti passer le week-end chez sa nouvelle compagne. Mon amie et moi sommes seuls dans l'appartement. Le silence règne en maître. Tout est calme, apaisant. Le temps est comme suspendu.

Élodie se redresse sur un coude, caresse mes lèvres d'un doigt léger, et me demande :

— Tu veux faire quoi, à la rentrée prochaine ?

— Je m'inscris en fac de musicologie, et toi ?

— Sociologie. C'est quoi, la musicologie ?

— L'étude des grands auteurs, des œuvres maîtresses, des grands courants musicaux…

— Tout un programme ! se moque gentiment mon amie. Et après la fac, tu feras quoi ?

— Si tout va bien, je serai concertiste.

— Wow, tu vas devenir une star !

— Sûrement pas, tu me connais, je suis un mec discret, le show-biz, très peu pour moi !

— Eh ben, alors, pourquoi tu veux devenir concertiste ?

— Par amour du piano, Élodie, tout simplement.

Elle soupire.

— Je vais finir par croire que tu as plus de sentiments pour ce fichu instrument que pour les femmes !

— Pourquoi, tu es amoureuse de moi ? lui dis-je en souriant.

— Certainement pas. Mais j'aurais aimé que toi, tu sois amoureux de moi. C'est agréable pour une femme d'avoir un homme transi d'amour à ses côtés !

Je ne peux m'empêcher de rire.

— C'est ça ! Comme ça, tu m'aurais fait exécuter tes quatre volontés.

— C'est déjà le cas, rétorque-t-elle d'un ton satisfait. Je t'ai présenté à ma mère, alors que tu ne voulais pas. Tu le regrettes ?

— Bien sûr que non, elle est charmante, mais il va falloir que j'espace mes visites chez toi, si je veux pas devenir *addict* au vin d'orange !

Nous rions de bon cœur et poursuivons notre conversation sur un mode léger. Bien que l'atmosphère soit détendue, je sens un sentiment de mal-être me gagner. Je ne dis rien, mais je connais trop cette sensation pour ne pas savoir l'interpréter. Au fil des minutes, le ressenti ne fait que s'amplifier, et ce que je soupçonnais devient une certitude. Nous ne sommes pas seuls dans cette chambre.

Tout en poursuivant ma conversation avec Élodie, je scrute la pièce à la dérobée. Je localise l'entité, tapie dans un coin sombre de la pièce. Habituellement, je ne peux déterminer où se trouve un esprit, car par définition, il est immatériel. Mais cette entité est différente de tout ce que j'ai connu jusqu'alors. Sa présence est « physique », je la ressens comme une boule d'énergie concentrée. Quelque chose d'infiniment puissant et dangereux.

Élodie, elle-même, semble troublée. Le débit de sa voix se ralentit, elle paraît perdre le fil de sa pensée. Je lui caresse les cheveux.

— Ça va ? je lui demande.

— Oui, mais il y a truc bizarre.

— Tu sens une présence ?

Elle hésite quelques secondes devant l'énormité de sa réponse et me dit, presque en chuchotant :

— Oui.

Comme si elle n'attendait qu'un signe d'Élodie pour se révéler véritablement, l'entité se déploie dans toute sa puissance. Elle est partout et emplit la pièce de sa présence. J'ai l'impression que la moindre particule d'air devient solide et m'écrase sous son poids. Je suis submergé par une force que je ne pensais même pas concevable. Je suis tétanisé. Immobilisé. Je ne peux plus bouger ni bras ni jambes. Lutter est un combat perdu d'avance, l'entité est bien trop forte pour moi. Ma dernière pensée est :

« Ouvre-lui ton esprit ». C'est à moment-là que je m'évanouis. Lorsque je reprends conscience, Élodie, à mes côtés, me caresse le visage.

— Tu es enfin réveillé ? Je commençais à m'inquiéter.

J'ai de la peine à mettre mes idées en ordre. L'entité, sa force, et moi qui m'ouvre à lui… Ma première pensée est pour mon amie.

— Ça va, tu te sens bien ?

— Très bien, me dit-elle dans un sourire. Et toi ?

Je soulève un bras puis une jambe, fais bouger les doigts d'une main, tout semble rentré dans l'ordre.

— Oui, ça va, dis-je, peu convaincu. Putain, mais c'était quoi, ce truc ?

— C'était mon père.

J'avais toujours pensé que Nicole était divorcée, je me trompais.

— Il est mort ?

— Oui, il y a une dizaine d'années.

— Et ça a été comment, pour toi, ce soir ? Moi, il m'a écrabouillé, ton paternel.

— Pour moi, c'était super doux, très tendre. Franchement génial, m'avoue-t-elle. On a parlé comme on ne l'a jamais fait quand il était en vie.

— Et vous avez parlé de quoi ?

Je sens une certaine gêne chez Élodie. Elle formule une réponse que je sens très édulcorée :

— De tout. De l'avenir… il m'a montré une maison, mes futurs enfants… c'était incroyable, pratiquement comme si j'y étais.

— Eh ben, pour moi, ça a été le trou noir. Il n'
de beaucoup m'apprécier, ton père.

— Dis pas ça, il ne t'a pas fait de mal !

— Non, mais franchement, la visite du beau-père, je m'en souviendrai.

Elle me regarde avec tendresse.

— Il ne sera jamais ton beau-père. Tu as déjà épousé ton piano.

Élodie se cale contre moi, remonte le drap sur elle et me dit dans un souffle :

— Allez, dors, moi, je suis crevée, j'avoue que j'ai besoin d'un peu de repos.

Elle ferme les yeux, j'entends sa respiration ralentir. En moins d'une minute, elle est déjà endormie.

Pour ma part, je ne suis pas du tout fatigué. J'ai déjà eu mon quota de repos, grâce à l'entité qui m'a plongé dans un sommeil sans rêves. Je réfléchis. Pourquoi le père d'Élodie s'est-il invité dans cette chambre ce soir ? Je prends conscience de la réponse. J'ai ouvert une porte en pratiquant le spiritisme à outrance. Mais cette porte, je n'arrive plus à la refermer. Les morts empruntent désormais un passage que j'ai créé et que je ne contrôle plus.

Je prends une décision radicale. Il n'y aura plus de soirées de spiritisme. Il n'y aura plus de médiumnité. Il n'y aura plus de voyance. Il n'y aura plus qu'un musicien qui se livre à sa passion : le piano. Toute autre voie est une impasse.

14

Une passion incendiaire

Le temps forge un homme. Voici deux ans que j'ai renoncé à la voyance, et pourtant, je ressens la puissance du don vibrer encore en moi. Mais j'ai appris à le maîtriser par la force de ma volonté. Il n'est plus maître de moi, je suis maître de lui.

Je suis désormais étudiant pianiste à temps plein, et non plus un jeune « apprenti voyant » qui utilise la médiumnité pour divertir son cercle d'amis.

Je repense à Élodie en souriant. Nous nous sommes quittés peu de temps après cette fameuse nuit durant laquelle je me suis senti agressé par une entité. Depuis lors, elle a sans doute rencontré un autre homme, et peut-être vit-elle avec lui dans cette maison qu'elle a vue en songe. Si la vie est parfois étrange, la médiumnité la rend plus étrange encore.

Je n'arrive pas à avoir de certitudes sur mes expériences spirites. Est-ce vraiment le père d'Élodie qui s'est invité dans ma chambre ? Marie, cet amour défunt, a-t-elle vraiment existé ? Je ne le saurai sans doute jamais, mais Michel avait raison, il y a parfois des chemins qu'il ne faut pas emprunter.

Perdu dans mes pensées, je laisse mon regard errer par la fenêtre de ma chambre. Quelques dizaines de mètres plus bas, l'avenue Louise brille comme une étoile dans la nuit. Les vitrines des boutiques violemment illuminées happent les passants plus sûrement qu'une lanterne attire un moustique. Bruxelles dévoile ses charmes, telle une courtisane impudique.

J'aime cette ville dans laquelle j'ai emménagé il y a quelques mois, même si j'ai une certaine difficulté à y trouver mes repères. J'ai la chance d'avoir un excellent professeur de piano au Conservatoire, mais passées mes heures d'études musicales vient le temps de la solitude. Je ressens douloureusement l'éloignement de mes proches. Je prends conscience que la famille est un trésor qu'il faut savoir chérir. Comme les amis. Où sont-ils tous, ceux que j'aime ? Loin, si loin…

La sonnerie du téléphone me tire de mes pensées. Je regarde le numéro. C'est Cécilia. Je souris. Je ne connais pas encore cette femme, mais je passe de longues heures à dialoguer avec elle depuis plus d'un mois. Une rencontre Internet. Une amie d'amis sur Facebook. Une suggestion du destin ? Qui peut savoir… Je décroche. La voix de Cécilia me parvient, légèrement altérée par les milliers de kilomètres qui nous séparent. Elle est à New York, de l'autre côté de l'Atlantique.

— Salut, le Bruxellois.

— Bonjour, la New-Yorkaise !

— New-Yorkaise, oui, pour l'instant, mais plus pour très longtemps.

— Tu déménages ?

— Yes !

— Tu pars où ?

— À Paris, ma ville natale.

— C'est une blague ? Tu rentres en Europe, mais quand ?

— Dans quelques semaines. Je serai à Paris le quatorze février.

Je ne peux m'empêcher de rire.

— Le jour de la Saint-Valentin ? T'as un rencard ?

— Oui, avec toi. Rendez-vous à l'aéroport Charles de Gaulle, je te donnerai le terminal.

Je reste sans voix. Cécilia est une « amie virtuelle », je n'avais jamais pensé qu'elle pourrait faire une intrusion aussi fracassante dans ma réalité.

— Esteban, tu es là ?

— Heu… oui, mais tu es sérieuse ?

— Tout ce qu'il y a de plus sérieuse. Je rentre à Paname. Rendez-vous là-bas. Sauf si tu ne veux pas venir, bien sûr… Dans ce cas, je draguerai le stewart dans l'avion !

— Très drôle, attends, tu m'annonces ton arrivée de but en blanc. Il faut que je m'organise, j'ai mes cours ! Le quatorze février, je ne sais même pas si c'est en semaine ou en week-end !

— Je te dis que j'arrive à Paris le quatorze. Pas le quinze, le seize ou le dix-huit ! À toi de voir si tu veux être là. Tu es joueur ?

— Je suis joueur.

— Alors, viens.

Je suis parti à Paris le quatorze février, et je ne suis jamais rentré à Bruxelles. Le coup de foudre est immédiat, intense et totalement irraisonné. Je plaque tout pour Cécilia, Bruxelles comme mes études. Nous vivons chez elle, avenue Wagram, une vie faite d'amour et de musique. Car Cécilia est pianiste professionnelle. Elle partage ma passion pour la musique, et la nuit, nos corps vibrent au rythme de mélodies charnelles envoûtantes.

La lune de miel dure plusieurs mois, jusqu'à ce que la réalité nous rattrape. Cécilia peine à trouver des engagements, elle se sent incomprise et frustrée sur le plan musical. Pour ma part, je continue à m'entraîner au piano. L'appartement résonne de musique, mais aussi de paroles douces-amères. Car une certaine rivalité artistique s'installe entre nous. Cécilia est en échec, alors que j'ai encore un avenir. Ma compagne ne m'encourage plus et trouve que je passe trop de temps au piano… La complicité s'étiole. Une blessure s'ouvre que rien ne peut soigner. Le grand incendie de l'amour n'est qu'un feu de paille. Nous nous séparons.

Retour à la case départ. Retour au piano et au Conservatoire. Je reprends tout à zéro. Je m'installe de nouveau à Nîmes et je noue des contacts. Où étudier ? Quel est le meilleur enseignant du moment ? On me recommande un maître italien qui enseigne à Saint-Maur-des-Fossés. C'est décidé. Au prix d'allers-retours épuisants entre Nîmes et la région parisienne, durant un an, je suis son enseignement.

Je me sens désormais prêt à affronter le concours d'entrée du Conservatoire national supérieur de musique et de danse de Lyon. L'un des plus réputés d'Europe. Suis-je au niveau ? Je le suis. Je le sais. Je suis pianiste. Je serai concertiste. Et la voyance n'est plus qu'une lointaine vibration en moi. Elle est tel un génie que je tiens enfermé dans sa lampe. Mais j'aurais dû relire *Aladdin*. Le génie finit toujours par ressurgir des oubliettes dans lesquelles on le tient captif.

15

Le lauréat

Univers musical : *Variations sérieuses, opus 54,* de Félix Mendelssohn

La salle est sombre et silencieuse comme un tombeau. Je marche au milieu de travées de chaises sagement alignées. Je suis calme, serein, en pleine possession de mes moyens. À quelques dizaines de mètres, sur une scène éclairée par quelques projecteurs, se trouve un piano. Noir et immense, il m'apparaît tel un improbable vaisseau échoué sur une grève. Je suis irrésistiblement attiré par lui.

Sur la droite, je remarque quelques personnes. Elles me fixent, sans mot dire. Au centre de ce petit groupe se trouve un homme âgé. Ses longs cheveux blancs reflètent la lumière de la scène. Je croise son regard, froid, énigmatique. Celui d'un sphinx.

Je marche de plus en plus lentement. Quelque chose me freine, entrave ma marche vers la scène. Je lutte, je veux atteindre ce piano, mais je me sens aspiré en arrière. Ma vision se brouille, et j'ai juste le temps d'apercevoir le modeste public de la salle se lever et m'applaudir… avant le trou noir.

Je me réveille en sueur. Il me faut quelques secondes pour sortir de mon rêve et reprendre pleinement mes esprits. Je sais qui est ce public qui m'applaudit. En tout cas, je le suppose. C'est le jury qui va décider, demain, si je suis apte à passer les épreuves du concours d'entrée du Conservatoire national supérieur de musique et de danse. Est-ce que je viens de faire un songe prémonitoire ou un simple rêve ?

Mon sang bouillonne, mon cœur bat la chamade. Je sais dans quel état je suis. Le génie est sorti de la bouteille. Et la voyance me parle… Il me faut de longues heures pour retrouver le sommeil, tant le flash m'obsède. Ce n'est qu'aux petites heures du matin que Morphée m'accueille dans ses bras.

Courte nuit, mais grand jour ! Et à neuf heures, lorsque je franchis les portes du Conservatoire, il ne reste rien de mon trouble de la nuit. Juste une certitude absolue. Je vais réussir cette première épreuve du concours.

Un appariteur m'accueille et m'isole dans une salle de cours afin que je puisse me concentrer et m'échauffer. Un petit quart de queue est à ma disposition. Je pianote sur les touches. La sonorité de l'instrument n'est pas extraordinaire, mais ce piano suffit pour une mise en condition, avant ma prestation devant le jury. Comme un sportif avant une épreuve, j'assouplis doucement les muscles de mes bras et de mes doigts. Je joue lentement, répétant note après note les œuvres que j'ai sélectionnées pour le concours. Immergé dans mon univers musical, je ne vois pas le temps passer, et c'est cette voyance que je fuis tant qui vient troubler ma concentration. Les poils de mes bras se hérissent soudainement, je sens mon rythme cardiaque s'accélérer. Il arrive. L'appariteur est en chemin, il vient me chercher.

L'homme semble troublé et surpris de me trouver debout, derrière la porte. Il est habitué à devoir gentiment bousculer des candidats, qui répètent jusqu'à la dernière minute. Il ne fait cependant aucune remarque et m'invite à le suivre à travers un dédale de couloirs déserts.

Deux lourdes portes barrent l'accès à la salle d'examen. Lorsque l'appariteur les pousse, je reconnais immédiatement la pièce. Vaste comme une salle de concert et éclairée par les seuls spots de la scène, sur laquelle trône un immense piano à queue. Je m'avance entre les travées de sièges, et sur la droite, dans la pénombre, je devine la présence d'un petit groupe de personnes. Je me tourne vers eux, et je croise le regard de l'homme âgé que j'ai déjà vu dans mon rêve. Je ne m'attarde pas, car je sais que je ne lirai rien dans ses yeux. Ni encouragements ni avertissements. Il est là pour juger, pas pour me soutenir.

Je monte les quelques marches qui me mènent à la scène, m'approche du piano, dont je caresse le vernis noir, avant de m'asseoir. Je prends mon temps. Je n'ai pas peur, je me sens calme et serein, je vais réussir l'épreuve. Je le sais.

Je baisse les paupières, et je vois les notes défiler devant mes yeux. Je connais la partition sur le bout des doigts. Dans un silence absolu s'élèvent les premières phrases de la sonate de Schubert en *si* bémol majeur. Aériennes, joyeuses, conformes à mon état d'esprit du moment. Je parle au jury au travers des notes. La musique est mon langage.

Je marque une pause à la fin du premier mouvement et j'enchaîne avec une *Étude* de Chopin, l'opus vingt-cinq, numéro onze. Une œuvre effroyablement technique et rapide. Un véritable défi artistique, même pour un musicien aguerri. J'achève enfin ce court récital en interprétant deux œuvres de Guillaume Connesson, un talentueux compositeur contemporain.

Je me lève, salue le jury d'un petit hochement de tête et sors de la salle dans un silence absolu. C'est la tradition, il n'y a ni applaudissements ni commentaires. Juste le silence pour toute réponse à la prestation des candidats.

Dès les portes du Conservatoire franchies, je téléphone au professeur de piano qui m'a aidé à me préparer au concours, et lui annonce tout de go :

— C'est bon, j'ai réussi le premier tour, je suis sélectionné pour les épreuves suivantes !

Il tente de tempérer mon enthousiasme :

— Esteban, attends, on ne peut pas encore savoir. Ne t'emballe pas, vous êtes cent-vingt candidats, et il n'y en aura que trente retenus pour la phase suivante ! Laisse passer quelques jours, on ne devrait pas tarder à connaître les résultats de l'épreuve.

— Je sais que j'ai réussi ! Je prépare la suite dès cet après-midi. Je vous tiens au courant !

Je raccroche, file à mon hôtel, récupère mes bagages et mets le cap sur la gare. En début d'après-midi, je suis chez moi, à Nîmes, et je répète les œuvres que j'ai sélectionnées pour l'épreuve suivante. Rien ne peut me faire douter. Je réussirai ce concours !

Le coup de fil tombe dès le samedi. Je fais partie des trente élèves sélectionnés et je suis convoqué le dimanche pour la suite des épreuves.

Cette nouvelle journée d'audition est encore plus chargée que la première. Le matin, j'interprète Brahms et Janacek. Je donne tout, je vibre littéralement avec la musique. Puis vient l'attente, longue et difficile. Car ce n'est qu'en fin d'après-midi que les candidats apprennent s'ils sont autorisés à participer à l'épreuve finale.

Je suis retenu ! Nous ne sommes plus que dix, mais seuls cinq élèves seront sélectionnés pour intégrer le Conservatoire. La lutte est rude. Féroce.

Vient l'épreuve de déchiffrage, tant redoutée par les postulants. Nous n'avons qu'un quart d'heure pour déchiffrer et apprendre une œuvre, avant de l'interpréter au piano. Mozart ne sera pas mon bourreau, mais mon sauveur. Je mémorise en un temps record la partition de l'une de ses sonates, et je la joue avec fougue devant le jury. Comme d'habitude, je quitte la salle sans que les jurés ne daignent m'adresser la parole. Mais je sais que ce traitement est le même pour tous les postulants.

Je suis maintenant dans la cour du Conservatoire, seul avec mes interrogations. Le jury délibère, et dix candidats s'interrogent sur leur sort. Encore une fois, le flash est aussi violent qu'inattendu. Je vois le jury debout en train de m'applaudir. La même image que celle qui avait conclu mon rêve à la veille des examens. La voyance est-elle toujours le miroir du futur ? J'aimerais tellement le croire…

Je n'ai pas le temps de longuement m'interroger, car quelques minutes après, les candidats sont appelés devant les jurés. L'heure du choix a sonné. Le verdict tombe : je suis l'un des cinq finalistes, et je suis donc admis dans l'un des plus prestigieux conservatoires d'Europe. Je suis là où je voulais être. Mais était-ce là où je devais être ? La voyance ne m'avait pas tout dit.

Le piano n'est pas son destin !

16

La trajectoire du fou

Lorsque le piton qui retient la corde se décroche, l'alpiniste « dévisse » et tombe dans le vide. Et c'est exactement ce qui m'arrive aujourd'hui. Car le piton qui a toujours soutenu mon ascension a été ma faculté de concentration. Mais en cette rentrée deux-mille-onze, je perds mes moyens. Une fatigue physique et intellectuelle me paralyse périodiquement. J'ai présumé de mes forces, et mon investissement dans l'étude du piano m'a vidé de mon énergie. S'astreindre à jouer du piano sept à huit heures par jour, durant des années, était-ce bien raisonnable ? Sans doute pas. Aujourd'hui, j'en paye le prix.

Au sein de ce Conservatoire – que j'ai tant voulu et espéré –, je m'ennuie ferme. Je bâille devant des cours qui peinent à réveiller mon intérêt. L'enseignement me paraît fade, méthodique, sans inventivité. Ma motivation s'étiole au fil des semaines, mais bien plus grave, ce don qui ne m'a jamais quitté « profite » de mon état de faiblesse pour s'immiscer de nouveau dans ma vie. Il ne se passe pas une journée sans que des flashs s'imposent et viennent balayer le peu de concentration qui restait en moi. Je suis comme un poste de radio, dépourvu de bouton « stop ». Je ne peux cesser de capter les messages de l'au-delà. Je croyais être devenu le maître du don, j'en suis de nouveau le jouet. Et seul le sommeil me sauve de la voyance.

Au Conservatoire, je parviens à faire illusion. Je mets à profit mes vingt années d'expérience et de pratique de l'instrument pour masquer mon manque de travail personnel. Lorsque je dois présenter une nouvelle œuvre au piano, je choisis toujours l'une de celles que j'ai apprises et répétées durant mes longues années d'étude. Les enseignants n'y voient que du feu.

Mais cela ne règle pas tous mes problèmes. Je me bats contre le don, je tente par tous les moyens de me fermer à lui. Mais il est plus puissant que ma volonté. Il s'impose, il m'écrase de toute sa force, comme si une forme de conscience s'opposait à moi et voulait m'empêcher de mener à bien mon projet : devenir pianiste professionnel.

Je me bats, mais je perds chaque jour du terrain. Pourtant, je parviens à mener à bien ma première année au Conservatoire de Lyon. Mieux encore, je termine premier du classement des élèves. Sans investissement, sans travail et sans motivation. Je n'y comprends plus rien !

La seconde année n'est guère plus brillante. Les mêmes causes produisent les mêmes effets. Je suis totalement déstabilisé. J'ai l'impression de revivre ces années où, encore gosse, j'allais voir régulièrement Michel pour être rassuré. Hélas, Michel est loin, aujourd'hui, et je ne peux plus bénéficier de ses conseils.

Mais si je continue sur le même chemin, je crains de perdre la raison. Je suis sur la trajectoire du fou. Que faire lorsque l'on perd pied avec la réalité ? Prendre rendez-vous avec un psychothérapeute. C'est ce que je fais. Le délai d'attente n'est pas très long, et quelques semaines plus tard, je me trouve installé dans un cabinet cosy d'un luxueux immeuble du centre de Lyon.

— Que puis-je pour vous ? En quoi, puis-je vous aider ? attaque la thérapeute, en me souriant.

J'avoue que je ne sais pas réellement par quoi commencer. Et la peur du ridicule est toujours présente, lorsque l'on prétend être voyant. Je me lance, néanmoins. Qu'ai-je à perdre ? Durant vingt minutes, je monopolise la parole. Elle m'écoute, sans jamais m'interrompre. Je la sens réellement attentive, je ne perçois pas l'once d'un jugement négatif en elle. Lorsqu'enfin, j'ai terminé, j'attends son verdict. Il n'y en a pas. Elle pose seulement une question :

— Le piano ou la voyance ? C'est bien ça, votre interrogation ?

— Non, je ne veux pas de la voyance, je veux simplement être pianiste. La voyance est en trop dans ma vie !

— Qu'en savez-vous ?

La question me laisse sans voix. Elle poursuit :

— Monsieur Frederic, je ne sais pas si vous êtes réellement voyant. Mais je veux bien admettre que la voyance existe. Et si vous pensez que vous êtes réellement voyant ou médium, appelez cela comme vous voulez, je pense que cela vaut réflexion. Pourquoi rejeter, à priori, une part de vous-même ? Laissez-vous le temps de réfléchir, avant de trancher.

— Mais ça fait une vie entière que je réfléchis ! Filez-moi des médocs, n'importe quoi, endormez cette partie de mon cerveau.

— Quel âge avez-vous ?

— Vingt-cinq ans.

— Donc ça fait peu de temps que vous êtes doté de la maturité nécessaire pour faire un véritable choix de vie. Oubliez vos certitudes d'enfant et d'adolescent, elles ne doivent pas conditionner vos choix actuels. Vous devez faire un choix d'adulte, pour une vie adulte. Nul autre que vous ne doit être l'architecte de votre futur. Moi, pas plus qu'un autre ne doit décider à votre place.

Je fais une ultime tentative.

— Vous ne me pensez pas fou ?

— Vous savez, la folie est quelque chose de très relatif. Nous sommes tous le fou d'un autre… En tout cas, je ne diagnostique pas en vous de troubles schizophréniques, si c'est ce que vous redoutez.

Vaincu, je paye la consultation et je repars, déçu, car je n'ai reçu aucune réponse à mes questions. Je repense à cette phrase prononcée par la thérapeute, en guise de conclusion : « Nous sommes tous le fou d'un autre ». Une formule qu'aurait pu utiliser Michel. Mon ami, comme cette femme, sont-ils des sages, ou des fous eux-mêmes ?

En tout cas, je reste seul face à cette interrogation : dois-je fuir la voyance ou m'y abandonner corps et âme ? Si une psychothérapeute ne peut répondre à cette question, peut-être un autre voyant le peut-il ? Autant soigner le mal par le mal.

17

Les augures du Destin

Univers musical : B.O. du film
Skyfall, Skyfall, de Adele Adkins
et Paul Epworth, interprété par Adele

« C'est la fin. Retiens ton souffle, et compte jusqu'à dix... »[1]

J'arrache mes écouteurs, avec agacement. Je n'ai pas besoin de prévision apocalyptique aujourd'hui ! Moi qui voulais me détendre en écoutant un peu de musique avant mon rendez-vous, j'entends Adele qui me serine que « c'est la fin », l'heure du « skyfall ». Pourquoi ma playlist aléatoire me propose-t-elle un morceau aussi sinistre, aujourd'hui ? OK, la musique est sublime, mais les paroles ne sont pas faites pour me réconforter en période de doutes et d'angoisse.

Et puis, « la fin »... la fin de quoi ? Vous avez la réponse, Madame Adele ? Car c'est véritablement mon interroga-

1. Paroles originales : *This is the end. Hold your breath and count to ten.*

tion du moment. Que dois-je arrêter, ou plutôt, que puis-je arrêter ? Mais, oui, vous avez raison, chère Adele, je vis bien à l'heure du « skyfall », c'est-à-dire que le ciel est en train de me tomber sur la tête. Comme le jour de ma naissance, où la nuit est tombée sur Nîmes en plein jour. Un présage de mauvais augure, il n'y a plus aucun doute.

Je suis arrivé à l'adresse de mon rendez-vous. Un immeuble haussmannien, typiquement parisien. C'est ici que je joue mon avenir à pile ou face. Je sonne à l'interphone. Un grésillement se fait entendre. Je pousse la lourde porte de bois et me retrouve dans un hall qui baigne dans la pénombre. Dans quelques minutes, je serai fixé sur le sort qui m'attend dans les années qui viennent.

Je grimpe quatre à quatre les escaliers, me voici devant la porte du cabinet de mon voyant. Je respire un grand coup et j'appuie sur la sonnette d'entrée. J'entends des pas qui approchent de la porte. Je suis en apnée, la respiration bloquée. Dire que j'appréhende cette rencontre est encore peu dire… L'huis s'ouvre sur un homme de haute stature, à l'élégance recherchée. Je reconnais immédiatement son visage, pour l'avoir vu des dizaines de fois dans les médias.

— Esteban ?

— Oui, bonjour, Gabriel, je réponds, plutôt intimidé.

— Entrez, je vous attendais, vous êtes ponctuel.

Il m'introduit dans son cabinet de travail et m'invite à m'asseoir. Il prend place en face de moi et me demande calmement :

— Que voulez-vous savoir ?

Je suis pris au dépourvu. La question est directe, sans préliminaires. Ce n'est pas ainsi que j'agissais avec les consultants de L'Œil d'Horus, je prenais le temps de les mettre en confiance, avant de les interroger. Un peu déstabilisé, je réponds :

— Je m'interroge sur mon avenir professionnel.

— Nous allons voir ça. Quelle est votre date de naissance ?

Je la lui indique. Il prend le temps de réfléchir, puis m'annonce :

— En numérologie, vous êtes en année cinq. C'est l'année idéale pour faire un grand saut dans l'inconnu. Dans tous les cas, vous vivez une année riche en mouvements et en rebondissements. Nous allons voir comment ça se traduit sur le plan professionnel.

Il étale un jeu de cartes devant moi et me demande :

— Choisissez cinq cartes.

Je m'exécute, et il les retourne une à une sur son bureau. Il sourit.

— L'année cinq tient ses promesses. Sur le plan professionnel, vous aurez un changement radical dans les trois mois qui viennent.

— Trois mois, c'est impossible !

Il semble surpris.

— Et pourquoi ce serait impossible ?

— Dans trois mois, j'entame ma troisième année de piano au Conservatoire national supérieur de musique de Lyon.

— Eh bien, ça signifie que vous ne retournerez pas au Conservatoire à la rentrée.

Je suis consterné. Ce sont les mots que je ne voulais pas entendre. Le voyant, qui s'est monté plutôt froid jusqu'alors, se radoucit quelque peu.

— Vous pensez que vous êtes à votre place au Conservatoire ?

— J'en sais rien. Je ne sais plus…

— Qu'est-ce qui vous fait douter ?

— Je n'arrive plus à me concentrer. Pour l'instant, j'arrive encore à faire illusion, parce que j'ai la chance d'être doué et de connaître par cœur des dizaines d'œuvres. Mais je n'ai plus de solutions. Je sais qu'en troisième année, je ne pourrai plus faire semblant, le niveau devient trop élevé. Et puis, quand bien même je décrocherais le diplôme, à quoi me servirait-il ? À jouer sur une scène de concert, comme un piano mécanique ? Je suis une coquille vide.

— Je ne pense pas que vous jouerez un jour comme un piano mécanique. Je ressens beaucoup trop de sensibilité et de passion en vous, jeune homme. Et diplômé ou pas, je pense que vous pourriez être un magnifique pianiste. Mais visiblement, votre avenir est ailleurs.

Il s'interrompt, me fixe intensément et déclare d'une voix changée :

— Il y a beaucoup de médiumnité en vous.

En moi, une petite voix intérieure hurle : « Non, je ne veux plus rien entendre ! Pitié, pourvu qu'il ne le dise pas… »

— Vous êtes voyant, Esteban.

Je reste muet. Effondré. Il tire quelques cartes qu'il place au-dessus de celles que j'ai moi-même choisies.

— Je peux même vous affirmer que vous serez un voyant professionnel. C'est là votre avenir. J'ai beaucoup de cartes de réussite, c'est donc un milieu dans lequel vous serez remarqué. À terme, je n'en doute pas, vous serez quelqu'un de très connu.

— On peut changer le cours du futur ?

— Oui, bien sûr, chacun peut refuser la voie que le destin lui propose… et rater ainsi sa vie ! Ça s'appelle le libre arbitre. Vous pouvez être pianiste et malheureux, ou voyant et épanoui. C'est vous, et vous seul, qui ferez ce choix.

Je fuis plus que je ne pars du cabinet. Mais avais-je besoin d'un voyant ? Le destin m'a parlé ce matin, à travers la chanson d'Adèle. « C'est la fin… » Je me souviens de la suite de la chanson, je l'ai tellement écoutée l'année dernière…

« Laisse s'écrouler le ciel, lorsqu'il s'effondrera,
Nous nous tiendrons bien droit,
Et nous ferons face ensemble au skyfall »[1].

Je sais qui peut se tenir droit à mes côtés pour m'aider à vaincre le « skyfall ». Je retourne là où tout a commencé.

1. Paroles originales : *Let the sky fall, when it crumbles, we will stand tall, face it all together, at skyfall.*

18

À la croisée des chemins

« Ayant levé la tête, au fond des cieux funèbres, il vit un œil, tout grand ouvert dans les ténèbres. »

Souvenir du lycée. Victor Hugo avait raison. Il y a un œil au fond des ténèbres. C'est L'Œil d'Horus. Je pousse la porte de la boutique, hors d'haleine. J'ai couru depuis la gare, ne prenant même pas le temps de passer chez ma mère pour déposer mes bagages. Michel est plongé dans la lecture d'un gros ouvrage, sans doute un traité ésotérique quelconque.

— Michel, j'ai besoin de toi !

Pour la première fois, je le tutoie. Je ne viens plus voir un Maître, mais un ami. Il me scrute des pieds à la tête.

— Esteban, pour une surprise, c'est une surprise ! Dis donc, ça te réussit, l'air de Montpellier, tu as pris au moins quinze centimètres depuis la dernière fois que je t'ai vu.

Du Michel tout craché. Il ne fait jamais aucun reproche, mais en une phrase, il me rappelle que je ne suis pas passé le voir depuis des années.

— Je ne suis plus à Montpellier, je suis à Lyon.

— Lyon ? Décidément, tu me surprendras toujours. Mais tu as raison, les voyages forment la jeunesse. Assieds-toi et explique-moi, que puis-je pour toi, jeune Padawan ?

Je suis toujours embarrassé devant ce type de question. J'aimerais tellement que les gens lisent en moi et me donnent directement la réponse à mes interrogations. Je me lâche. Je lui raconte tout, mes doutes, mes interrogations, les flashs qui m'assaillent en permanence, ma perte totale de concentration au conservatoire, ma visite chez la psy, ma consultation chez le voyant… et l'impasse dans laquelle je me trouve actuellement.

Il hoche la tête d'un air pensif.

— Bon, eh bien, tu sais quoi ? Je pense que j'ai vu assez de clients pour aujourd'hui !

Il se lève, verrouille la porte et accroche un panonceau « fermé » à la poignée.

— Nous voici tranquilles.

Il se rapproche de moi, pose une main sur mon épaule et me dit d'un ton affectueux :

— Ça y est, c'est le moment !

— Le moment de quoi ? je lui demande, interloqué.

— C'est maintenant que tu dois décider de ton avenir. Depuis que je te connais, j'ai toujours su que ce moment viendrait. Tu n'as que trop tardé, tu dois choisir.

— Je sais, Michel, mais comment être certain de faire le bon choix ?

— On n'est jamais sûr de ce genre de choses. À l'heure du choix, on prend une part de risque. Ainsi que le disait un auteur : « Vivre prudemment, sans prendre de risques, c'est risquer de ne pas vivre ». Médite là-dessus…

— Si j'abandonne le piano, mes parents vont me tuer !

— Si tu ne fais pas tes propres choix de vie, tu es déjà mort, Esteban. Vivant par la chair, mais mort par l'esprit.

Michel marque une pause, il laisse sa dernière phrase résonner en moi. Je soupire.

— Je ne sais pas quoi penser.

— Alors, arrête de penser et suis ton instinct. C'est souvent notre meilleur guide.

— Abandonner la musique, ça voudrait dire renoncer à tout ce qui a été ma vie jusqu'à aujourd'hui !

— Si je peux me permettre, ce n'est pas toi qui abandonnes la musique, mais plutôt elle qui t'abandonne. Elle ne te « parle » plus. Contrairement à la voyance. Si tu veux mon avis, tu as fait ce que tu avais à faire sur le plan artistique. Mais aujourd'hui, ta place est ailleurs. Ça saute aux yeux. Ton voyant te l'a dit, ta psy aussi, mais de manière plus indirecte. Par déontologie, elle ne peut pas se permettre de t'influencer. Mais on ne peut pas dire qu'elle t'ait poussé à poursuivre tes études de piano ! Elle t'a demandé : « Pourquoi rejeter une part de vous-même ? » C'est presque un encouragement à accueillir, enfin, la voyance dans ta vie.

— J'ai l'impression d'être un bateau à la dérive.

— L'image est assez juste. La voyance est ton gouvernail, et tant que tu la refuseras, tu dériveras. Jusqu'au jour où le navire de ton existence s'échouera sur les récifs de la réalité.

— Quelle réalité ?

— Tu es un voyant, c'est ça, la réalité ! Cesse de te mentir à toi-même. Tu sembles ne pas vouloir te rendre à l'évidence. Tu es un voyant qui porte le masque d'un pianiste. Il est temps de tomber le masque. De mettre fin à la commedia dell'arte !

— Et si je refuse…

— Tu passeras à côté de ta vie. De ta vraie vie. Tu porteras un masque jusqu'à la fin de tes jours.

— Tu te rends compte à quoi je renoncerais ? Jouer devant des milliers de personnes…

— Ou aider des milliers de personnes par la voyance. C'est ça, l'alternative : jouer ou aider. Si ça peut alimenter ta réflexion, reprends quelques consultations dans la boutique cet été. Renoue avec la voyance, et tu verras si elle te « parle » plus que la musique. Tu feras un choix définitif à l'automne, à l'heure de la rentrée. Tu as encore un peu de temps devant toi. La réflexion demande du temps, ne précipite rien. Comme le dit le sage : « Choisir, c'est renoncer ». Tu dois renoncer pour renaître, ou poursuivre ta vie telle qu'elle est aujourd'hui.

Je rentre chez ma mère en proie au plus grand trouble. Je ne sais plus quoi penser. Je sais que Michel a raison. Je sais qu'ils ont tous raison. Je suis un voyant, et je le refuse. Au nom de quoi ? Qu'est-ce qui me retient ? Mes parents ? Mon éducation ? La perspective d'endosser l'image sulfureuse du voyant, au détriment de l'image respectable du pianiste ? Sans doute un peu de tout cela. Allongé sur mon lit, je médite sur le sens de la vie. Le sens de ma vie ! La commedia dell'arte, comme le dit Michel, ou la voyance ?

Je me lève, fouille dans ma valise et en sors mon Oracle de Belline. Le jeu ne me quitte jamais, je l'emporte toujours avec moi, où que j'aille. Je regarde la petite boîte noire et dorée, cette sorte de talisman personnel. Puis je fixe le piano de mon enfance à l'autre extrémité de la chambre. Lui aussi porte la même robe noire et dorée. D'une certaine manière, les deux objets se ressemblent. Lequel choisir ?

Je le sais. Je le ressens au plus profond de mes tripes. À quoi ça sert de se poser sans cesse la même question, si ce n'est pour se mentir encore ? Je prends la décision. Je tue quelque chose en moi. Je sacrifie le pianiste pour que naisse enfin le voyant.

19

La naissance d'un voyant

Univers musical : *Under Pressure*,
de Queen et David Bowie, interprété
par Freddy Mercury/Queen et David Bowie

Je veux du rationnel dans l'irrationnel ! C'est mon tempérament, je ne me referai jamais.

Plonger dans l'univers de la voyance, cela n'est pas compliqué. Mais je dois regarder la réalité en face. Hormis au travers des consultations que j'ai conduites à L'Œil d'Horus, je n'ai pas d'expérience dans les arts divinatoires. Avoir des ressentis, tirer les cartes, c'est une chose. Mais se prétendre professionnel et vivre décemment de son art, c'en est une autre. Je me lance dans un projet risqué. Très risqué. J'en ai conscience.

Je regarde avec consternation mon modeste studio lyonnais. Est-ce là, le cabinet d'un voyant ? Je n'ai ni peintures ésotériques ni chat noir, pas même une boule de cristal pour impressionner mes visiteurs. Tout ce que je possède est mon don et mon jeu de cartes. De plus, chez moi, le lit voisine avec mon bureau. Le décor est très minimaliste. Celui d'une chambre d'étudiant.

De toute façon, qui viendrait ici ? Personne ne me connaît. Comment s'y prendre pour acquérir une petite notoriété ? J'ai mon idée sur la question. Mais je dois commencer par le commencement. Exister sur le plan légal. Merci Internet ! En moins de vingt minutes, me voici autoentrepreneur.

Reste à me créer une réputation. Puisque les consultants ne vont pas venir à moi, c'est moi qui irai à eux. Je poste des annonces sur plusieurs sites. Je me propose pour animer des soirées voyance chez des particuliers. Un excellent moyen de me tester, et surtout, de me faire connaître. *Alea jacta est* ! Le sort en est jeté…

Je n'ai pas à attendre très longtemps. Car dès le lendemain, j'ai un message dans ma boîte mail. Une femme me demande d'animer une soirée « d'enterrement de vie de jeune fille » le vendredi suivant. Je réponds positivement. Ma carrière commence sous le signe de la fête. Je veux y voir un bon présage.

Lorsque la porte s'ouvre, je me trouve face à une jeune femme avenante, habillée avec goût, et auréolée d'un soupçon de parfum sucré. Elle me sourit et s'efface pour me laisser entrer.

Le salon est chaleureux, distingué, à l'image de mon hôtesse. Pour l'heure, nous sommes seuls, car les invitées ne sont pas encore arrivées. Nous discutons de choses et d'autres, mais au bout de quelques minutes, je sens les poils de mes bras qui se hérissent. Je sais ce que cela signifie, il y a une entité dans cette pièce. Je ne montre rien de mon trouble. Je reste naturel et je continue à échanger avec l'hôtesse de maison. Mais une phrase s'impose à mon esprit : « Je n'aurais pas dû… » Je tente de dresser un barrage psychique pour ne plus entendre l'entité. Mais la phrase continue à revenir à intervalles réguliers : « Je n'aurais pas dû… » Je n'ai pas envie de me couvrir de ridicule en annonçant comme première « prédiction » cette simple phrase : « Je n'aurais pas dû… » Des mots dont, d'ailleurs, je ne comprends pas le sens. Mais l'entité insiste, s'impose à moi, ne me lâche pas.

Au bout de vingt minutes, n'y tenant plus, je demande à mon hôtesse « Cette phrase évoque quelque chose pour vous ? Je n'aurais pas dû… ? » Elle se fige, son sourire s'efface, et son visage se mue en un masque de cire. Elle me répond d'une voix altérée : « Ce sont les derniers mots que mon frère m'a dits, lorsqu'il est mort dans mes bras ». Une sueur glacée coule dans mon dos.

Toute la soirée, par mon intermédiaire, son frère lui a parlé. Et il est resté en contact avec moi bien après que j'ai quitté la soirée. Le lendemain matin, à onze heures, je l'ai senti encore présent. Je lui ai dit : « Monte, tu ne dois pas rester avec moi ». Il est parti, à regret, me semble-t-il. Sa sœur lui manquait. Son existence terrestre aussi. Mais chacun doit rester à sa place. Il y a un royaume pour les morts. Et un monde pour les vivants.

Il n'en faut pas plus pour me convaincre de la justesse de ma mission. Le jour même, je crée un profil Facebook et je poste des prédictions sur l'actualité internationale. Car depuis longtemps, j'ai des ressentis qui débordent très largement des consultations que je mène pour mes clients. En début d'année, déjà, je savais qu'il y aurait un grand trouble dans la chrétienté. Je voyais une croix jetée au sol, comme abandonnée par celui qui la portait. Et pourtant, je percevais énormément d'amour pour cette croix, de la part de celui qui la laissait là, seule et orpheline. Un mystère que je ne compris pas. Jusqu'à la démission du Pape Benoît XVI.

Depuis plusieurs semaines, deux autres images me hantent. Un homme à la peau noire dans un cercueil. Je ressens énormément d'émotion autour de ce décès. Comme si le monde entier communiait avec sa mort. Et une autre, plus terrible encore. Des morts. Des milliers de morts. Une mer rugissante, des vents dévastateurs et un paysage, quelque part en Asie, totalement dévasté. Où est-ce précisément ? Je ne le sais pas. Je poste la description de ces deux visions sur mon profil.

J'en profite pour laisser un message sur la page de Gabriel, le voyant parisien. Je l'informe de l'ouverture de mon cabinet et j'ose lui demander des conseils pour me faire connaître. C'est un homme averti, une véritable star de la voyance. Si je connais un professionnel qui peut me prodiguer des conseils avisés, c'est bien lui. Peut-être me répondra-t-il ? Peut-être pas. Je lance une bouteille à la mer. Car qui ne tente rien n'a rien ! La réponse tombe moins d'une heure après : « Ravi que mes prédictions se soient réalisées et que vous ayez suivi mes conseils. Vous me contactez au bon moment ! Je viens de lancer ma chaîne Web TV de voyance et je suis justement à la recherche de jeunes talents prometteurs. Alors, si le cœur vous en dit, je vous invite à participer à une émission de voyance en direct. C'est le meilleur moyen de vous faire connaître ! »

Et les réponses à mes flashs de voyance ne tardent pas à se faire connaître, elles aussi. Le huit novembre, le typhon Haiyan, l'un des plus violents jamais enregistrés, ravage le territoire des Philippines avec des vents d'une puissance de plus de trois cents kilomètres/heure. On déplore au moins six mille morts. Et des milliers de disparus. Le cinq décembre, Nelson Mandela, prix Nobel de la paix, s'éteint à son domicile de Johannesburg en Afrique du Sud. Le monde entier est en deuil.

Dans les semaines qui suivent, mon répondeur est saturé d'appels de consultants qui me demandent des rendez-vous. Le succès est en route. Le compte à rebours est enclenché.

20

De l'ombre à la lumière

Antenne dans cinq secondes ! Cinq, quatre, trois, deux, un. Générique !

Le stress monte d'un cran. Je regarde les noms défiler sur les écrans de contrôle, et je ressens un sentiment étrange lorsqu'apparaît le mien. Impression de dédoublement. Je rêve, ce n'est pas moi qui suis installé sur ce plateau de télévision, en compagnie de Gabriel et d'un animateur très connu. Une petite lumière verte s'allume sur la caméra qui fait face au présentateur. Le direct est lancé.

— Chers amis, bonjour, je suis ravi de vous retrouver sur notre antenne pour notre émission de voyance en direct. Je ne présente plus l'homme qui se tient à mes côtés, et qui nous fait l'honneur de nous rendre régulièrement visite. Mais sans doute vous interrogez-vous sur l'identité du nouveau venu que vous apercevez à l'écran…

Gros plan sur mon visage. Je tente un sourire pour le moins crispé.

— Qui mieux qu'un voyant pour présenter un autre voyant ? Je vous laisse l'honneur de la présentation, cher ami.

Gabriel se tourne vers moi. Il vient de bouleverser profondément ma vie en acceptant de m'intégrer à l'équipe de voyants qui animent son émission de télévision. Ainsi qu'il me l'a dit juste avant l'émission, « Ce soir, vous passez de l'ombre à la lumière ».

— Chers amis, je vous présente Esteban Frederic qui, j'en suis sûr, sera le voyant de demain.

Le compliment me flatte, mais il augmente encore mon malaise. Le voyant de demain ? Autant dire qu'il vient de placer la barre très haut. Il va falloir me montrer au niveau de cette présentation.

Premier appel d'une consultante. Elle m'indique son prénom, sa date de naissance, ainsi que ceux d'un homme. Elle me demande de regarder quel peut être leur avenir amoureux. En voyance, le premier mot qui s'impose à mon esprit est « non ! » Un non, ferme et définitif. Je comprends que cette relation sentimentale est très mal engagée, pour ne pas dire terminée. Et qu'aucune issue positive n'est envisageable. Je tire néanmoins les cartes. Le jeu confirme mon ressenti. Il n'y a pas d'avenir possible entre ces deux êtres.

Les yeux fixés sur mon jeu, j'entame le dialogue avec la consultante. En essayant de faire preuve de beaucoup de diplomatie, je lui explique qu'elle doit renoncer et se donner les moyens de se construire un nouvel avenir… Pour la réconforter, je lui parle d'un amour futur avec un autre homme. Je lui décris physiquement la personne, ainsi que les circonstances de la rencontre à venir. Je suis absorbé par mes prédictions, lorsqu'une main glisse un papier devant moi. Le billet est bref et impératif : « Regarde la caméra ». Je relève la tête, fixe l'œil noir de la caméra, mais j'en perds toute concentration. Je bafouille encore quelques phrases et mets fin à la consultation.

Appel suivant, il est pour l'autre voyant. De temps à autre, un plan de coupe me fait encore apparaître à l'écran, aussi, je ne quitte pas du regard la caméra. Je me sens un peu stupide de fixer ainsi un objet inerte. Mais la télévision a ses exigences ! Je continue à sourire à cet œil noir qui me fixe impitoyablement. Les consultations s'enchaînent durant deux longues heures. Au fil du temps, je prends en assurance et me surprends à parler à la caméra, comme si elle était la consultante. Je la fixe sans gêne ni timidité. J'étais voyant. Me voici *showman.*

Lorsqu'enfin arrive le générique de fin, je suis épuisé et je transpire sous mon maquillage. J'avais bien tenté de refuser le fond de teint, mais l'animateur m'a expliqué que si je ne voulais pas paraître livide sous les projecteurs, le maquillage était impératif. Dans la petite loge attenante au studio, je tente de me débarrasser au mieux de l'épaisse couche de fond de teint qui recouvre mon visage, lorsque Gabriel fait irruption.

— Je viens de visionner quelques séquences, vous avez été super, vous passez super bien à l'écran ! Félicitations, Esteban !

— Merci, mais franchement, j'ai eu du mal au début.

— Pas de soucis, vous vous êtes très bien rattrapé ensuite. C'est normal, c'est une première !

Il marque un temps d'hésitation, puis me demande :

— Tu as déjà dîné ?

— Non, pas vraiment, j'ai juste grignoté un truc avant de venir au studio.

— Alors, viens, je t'invite à manger !

— Heu… d'accord, j'ai presque terminé de me démaquiller. Vous voulez aller où ?

— Tu peux me tutoyer, tu sais !

J'hésite un peu, mais puisque c'est lui qui me le demande…

— Tu veux aller où ?

— Chez moi, c'est à cinq minutes d'ici. J'ai préparé une paëlla pour ce soir. Ce genre de plat, quand il y en a pour un, il y en a pour deux !

J'accepte avec grand plaisir, car en vérité, je meurs de faim.

Nous sortons du studio et parcourons à grandes enjambées les quelques centaines de mètres qui nous séparent du domicile de Gabriel. À peu de distance de chez lui, un groupe de filles nous dévisage avec insistance et se concerte en gloussant. L'une d'elles nous fait un petit signe de la main et crie : « Salut les voyants ! On veut une consult ! »

— Tu les connais ?

— Non, pas du tout, et toi ?

— Absolument pas. Une seule explication, elles ont regardé l'émission ce soir. Salue-les, Esteban, te voici devenu quelqu'un de connu. *A star is born !* me dit-il en clignant de l'œil.

Je n'avais pas anticipé ce type de situation. Tout cela va vite. Trop vite. En montant dans le train, je n'avais pas imaginé que ce serait un TGV sans freins. Je salue le groupe de filles et accélère l'allure. Je devine par avance que la célébrité est une liqueur douce-amère. Et je suis décidé à la déguster avec modération.

21

Le prix du succès

Univers musical : *No surprises*,
de Thom Yorke/Radiohead,
interprété par Thom Yorke

— Je te sers un verre ?

— Avec plaisir, j'ai besoin d'un remontant, dis-je en me laissant tomber sur le canapé.

— Champagne, ça te va ?

— Il faudrait être difficile pour refuser !

Gabriel ouvre la bouteille et sert délicatement le breuvage d'exception dans deux coupes en cristal. Il lève son verre et déclare :

— À Esteban, le grand voyant que la France entière a découvert ce soir !

Je trinque avec lui, mais tempère son enthousiasme.

— Je ne sais pas si je suis un grand voyant, mais en tout cas, je n'ai aucune intention de devenir un phénomène médiatique. Être connu, oui, parce qu'il faut accepter la règle du jeu. Mais avec mesure, comme quand on boit du champagne, lui dis-je dans un rire.

— Tu regrettes d'avoir participé à l'émission de ce soir ?

Je crains soudainement de l'avoir froissé.

— Non, pas du tout, bien au contraire. Mais les groupies après une seule émission, ça fait flipper !

— Plains-toi de plaire à la gent féminine !

Je ne peux m'empêcher de rire.

— Non, je ne me plains pas du tout. Mais avoue que se balader de manière anonyme, sans que les gens te montrent du doigt, c'est quand même agréable.

Il soupire.

— J'ai fait l'impasse là-dessus depuis bien longtemps. Je ne compte plus les couvertures de magazine, les émissions TV ou radio que j'ai faites.

— Sans compter tes livres !

— Oui, sans compter mes livres, effectivement. J'en publie un par an.

— Et tu vis comment ta notoriété ?

— Bien… mal. Ça dépend des jours. Et des circonstances aussi. Quand j'ai envie d'être au calme, je préfère organiser un repas chez moi plutôt que d'aller au restaurant. C'est pour ça que je ne t'ai pas invité à l'extérieur ce soir. Je me doutais que tu aurais besoin d'un peu de repos, après l'émission.

— Tu côtoies les autres célébrités de la voyance, comme Maud Kristen ou Yaguel Didier ?

— Non, pas du tout. Pour information, Maud Kristen part s'installer en Amérique latine, il va devenir difficile de la fréquenter ! Quant à Yaguel Didier, elle est comme toi, assez discrète. Elle fréquente peu de monde. Elle vit dans sa bulle. On ne la voit que quand elle fait un peu de promo pour ses livres.

Il semble réfléchir quelques secondes et ajoute :

— D'ailleurs, tu me parlais de mes livres. Toi aussi, tu en écriras un, peut-être plusieurs…

— Moi, écrire un livre ?… Écrire quoi ? Je n'ai rien à dire.

— Aujourd'hui, sans doute, mais demain, peut-être que tu auras un témoignage à apporter ? Laisse le temps au temps. Tu te découvriras au fil des années.

Je suis dubitatif. Le moins que l'on puisse dire est que je ne suis pas convaincu. Pour l'instant, je n'ai pas encore osé lui poser de questions directes sur sa vie. Je me lance :

— Ça a commencé comment, la voyance, pour toi ?

— J'ai lu ta présentation sur Facebook, et je peux te dire que les prémonitions ont débuté au même âge que toi. Vers quatre ou cinq ans. Nos parcours ont beaucoup de similitudes. Comme toi, j'ai refusé le don, et comme toi, il m'a rattrapé. On ne peut éternellement refuser son destin. Suis cette voie, Esteban, car tu es sur ton chemin de vie. Je te prédis un grand destin.

— Je ne veux pas d'un grand destin. Je veux juste être heureux.

— Être heureux ? C'est une ambition encore plus démesurée que d'avoir un grand destin !

Il soupire.

— J'ai eu un grand destin, suis-je heureux pour autant ? Le bonheur, est-ce la capacité de se satisfaire de peu ou, à l'inverse, exiger beaucoup de l'existence ? Je te laisse répondre à cette question, Esteban. Mais, quelle que soit ta réponse, je ne te souhaite qu'une chose pour le futur : que la vie te mène au-delà de tes rêves. Il n'y a de limites que celles que l'on se donne. Ne te fixe aucune limite. Vis ta vie intensément. Le reste n'est qu'accessoire. Ce n'est que du temps perdu.

Il y a trop d'émotion dans sa voix pour que je ne comprenne pas qu'il me conseille de prendre un autre chemin que le sien. Être celui que l'on doit être. Pour nous tous, c'est le défi d'une vie. C'est celui qui m'attend aujourd'hui.

22

Rencontre avec un ange

Le lendemain, dans le train qui me ramène à Lyon, je repense à cet échange. Je suis profondément troublé. Quelle voie faut-il choisir ? Celle de l'exposition médiatique ou celle de la discrétion ? Par tempérament, j'aurais tendance à opter d'emblée pour la seconde solution. Mais cela signifie que mon cabinet restera orphelin de consultants. Et que, donc, je n'aiderai pas grand monde. « Jouer ou aider », tel est le choix que m'a indiqué Michel. J'ai choisi d'aider. Et, si possible, le plus grand nombre. Mais être connu sans être reconnu dans la rue, est-ce réaliste ? Sans doute pas. À moi de trouver une voie médiane entre la notoriété et l'efficacité. Le pouvoir est à l'imagination !

La solution s'impose à moi dès mon retour à mon domicile. Parmi les demandes de consultations qui engorgent mon répondeur se trouve un message particulier. Celui d'une radio lyonnaise qui me sollicite pour une émission de voyance. C'est la solution ! À Lyon, je serai une voix, mais pas un visage.

Les semaines qui suivent sont un peu chaotiques, car inconscient de la spirale infernale dans laquelle je m'engage, j'accepte les rendez-vous les plus divers : consultations en cabinet dans mon modeste studio, soirées voyance chez des particuliers et, bien sûr, émissions TV à Paris et radio à Lyon. Je ne tarde pas à prendre conscience que je dois ralentir mon rythme de travail. Je peine à suivre la cadence, malgré tout, je ne refuse aucune sollicitation… l'heure du repos n'a pas encore sonné.

Un grand média lyonnais organise une soirée promotionnelle dans un bar branché du centre-ville. Je suis invité à mener quelques consultations durant cette nuit de fête. Je ne me rends pas réellement compte que je suis en train de devenir un « phénomène de foire » local. On m'exhibe comme un trophée. Le voyant du moment.

Lorsque j'arrive, le responsable de la soirée m'accueille à bras ouverts.

— Esteban, c'est un plaisir de vous recevoir ! Je vous ai réservé un endroit un peu retiré pour que vous puissiez travailler au calme. Vous avez vingt-deux réservations pour des consultations.

Moi qui comptais faire un tour rapide à cette soirée et rentrer me coucher de bonne heure, je suis totalement pris au dépourvu.

— Vingt-deux consultations ? Mais c'est impossible ! Même en restant toute la nuit, je ne peux pas assurer autant de rendez-vous.

Mon interlocuteur semble embarrassé, visiblement, il n'a pas du tout appréhendé le temps que peut durer une séance de voyance. Il se veut néanmoins rassurant :

— Vous n'avez qu'à faire de petites consultations de vingt minutes, pas plus.

Je fais un rapide calcul mental... même en réduisant les séances à une durée de vingt minutes, il me faudra plus de sept heures pour assurer l'ensemble des rendez-vous de la soirée. Je suis effondré. C'est du stakhanovisme de la voyance ! Mais il est trop tard pour reculer. Je dois assurer, coûte que coûte. Ma carrière est encore trop fragile pour que je puisse me permettre de faire « un caprice de starlette » en annulant ma participation au dernier moment.

Le responsable de la soirée semble lire dans mes pensées. Il réfléchit. Il cherche visiblement une solution. Il claque des doigts.

— Je sais ce qu'on va faire ! Je vais mettre une hôtesse à votre disposition. Elle viendra interrompre la consultation au bout de vingt minutes et vous amènera le client suivant. Comme ça, vous ne perdrez pas de temps.

Je ne cherche pas à lui expliquer que je serai épuisé dès la dixième consultation. C'est peine perdue. J'accepte sa proposition, la mort dans l'âme. Je dois assumer. Je n'ai pas le choix.

Lorsqu'elle vient vers moi, je ressens un véritable électrochoc. Certaines femmes sont jolies, et d'autres sont au-delà de la perfection physique. Elles sont charismatiques. Lucie – c'est l'hôtesse qui m'est dédiée – fait partie de cette catégorie de femmes pour qui la beauté ne semble qu'un vêtement. Elle rayonne d'une aura indéfinissable.

Elle est dotée d'un charme à faire fondre tous les glaciers de la banquise ! Grande, mince, blonde comme les blés, elle se déplace avec la grâce d'une ballerine. Tout en elle est perfection. Je suis conquis au premier regard.

D'emblée, nous formons un binôme complice. Sous sa conduite, les consultations s'enchaînent sans discontinuer. Mon hôtesse possède une véritable main de fer dans un gant de velours. Et tout consultant qui voudrait prolonger la consultation se voit opposer un refus ferme de sa part. Elle mène son groupe de clients à la baguette. Et les hommes comme les femmes ne peuvent résister à son charme. Tous lui obéissent sans rechigner.

Nous ne sommes plus très éloignés de la dixième consultation, lorsque je sens que mes forces commencent à m'abandonner. Je demande à mon équipière une pause de quelques minutes. J'ai besoin de souffler pour retrouver un peu de concentration. Lucie semble contrariée.

— Esteban, on va prendre du retard, il faut qu'on enchaîne si tu ne veux pas passer toute la nuit ici !

— Attends, *break* ! Je suis pas une machine. J'ai besoin d'un peu de repos avant de continuer.

— Ne t'inquiète pas, j'ai ce qu'il te faut.

Elle fouille dans sa poche et me montre une petite pilule bleue dans sa main entrouverte.

— Prends ça, je te garantis que tu vas te sentir mieux.

— C'est quoi, ce truc ?

Elle sourit, charmeuse.

— Un concentré de vitamines. Avec ça, tu peux faire des consultations jusqu'à demain midi sans te fatiguer. C'est magique !

Je comprends que cette pilule n'est certainement pas vendue en pharmacie.

— Je te remercie, mais c'est non. J'ai pas besoin de ça.

Elle n'insiste pas et rempoche sa pilule à regret.

— Dommage, ça t'aurait reboosté ! Je t'amène le client suivant ?

Vaincu, je réponds dans un soupir :

— Oui, allons-y, on reprend.

Durant de longues heures, j'enchaîne les consultations. Par chance, deux clients se sont désistés, sans doute lassés d'attendre. Je termine donc à la vingtième consultation. Vidé de toute énergie. Je suis livide de fatigue. De toute façon, le bar ferme ses portes, je n'aurais pas pu assumer plus de rendez-vous.

Je retrouve Lucie au vestiaire. J'enfile mon blouson de cuir et elle un long manteau de laine blanche qui affine encore sa silhouette. Ainsi vêtue, elle ressemble à une véritable gravure de mode. Elle me demande :

— Tu as une voiture ?

— Non, il faut que je trouve un taxi.

— À cette heure-ci ? Aucune chance. Je te ramène, je suis garée à deux rues d'ici.

— Non, ne t'inquiète pas, je vais me débrouiller.

— Ne discute pas. Regarde-toi, tu ne marches même plus droit. Allez, viens, je vais pas te manger !

Effectivement, elle ne m'a pas mangé. Elle a dégusté mon corps, centimètre par centimètre, dans ma petite chambre sous les toits.

Au matin, lorsque j'ouvre les yeux, je ne peux m'empêcher d'admirer le visage de ma compagne dans la lumière du jour naissant. Auréolée de ses longs cheveux blonds, elle ressemble à un ange endormi. Délicatement, je tire le drap pour admirer ce corps que j'ai caressé des heures durant. Une statue d'albâtre, dénuée de toute imperfection. De la courbe de ses fesses à celle de ses épaules, tout est parfaitement harmonieux, sensuel, envoûtant. Je ne peux m'empêcher d'embrasser délicatement ses lèvres, ce qui a pour effet de l'éveiller. Elle me regarde tendrement et me salue d'un :

— Bonjour, sorcier.

Je souris.

— Si j'étais sorcier, je créerais un philtre d'amour pour te retenir à jamais. Mais, hélas, je ne suis que voyant.

— Charmeur, va ! Si tu veux essayer un philtre sur moi, donne-moi une de mes pilules pour le petit déjeuner. On l'appelle « la drogue de l'amour ».

— J'ai déjà entendu ce nom. C'est de l'ecstasy, c'est ça ?

— *Yes, sir.* Et tu as eu tort de ne pas en prendre hier soir. Qui sait ? On aurait pu prolonger encore plus la soirée, me dit-elle avec un sourire taquin.

Piqué au vif, je lui rétorque :

— Tu prends souvent ce genre de merde ?

— C'est peut-être de la merde, mais c'est ce qui me fait tenir. Tu n'as pas idée de ce que peut être le métier d'hôtesse. Travailler le jour, la nuit, dans le bruit, entourée par la foule… c'est épuisant.

— Figure-toi que j'ai une petite idée de ce que ça peut être. Hier soir, c'est exactement ce que j'ai vécu.

— Donc tu vois ce qu'est ma vie !

— C'est pas une solution, tu vas te détruire avec cette drogue. Change de métier, fais autre chose…

Elle soupire.

— J'ai essayé. De temps à autre, je fais un peu de mannequinat. Mais à Lyon, j'ai peu de chances de percer dans le milieu de la mode.

— Tu peux déménager et tenter ta chance à Paris !

Pris d'une inspiration soudaine, je lui propose :

— Tu veux que je tire les cartes sur ta carrière ?

Elle éclate de rire.

— Non, mais sérieusement, tu crois à la voyance ? Écoute, je veux bien admettre que tu parviens à berner tes consultants. Mais ça ne marchera pas plus avec moi que tes philtres d'amour !

— Et en quoi tu crois, alors ? En Dieu ?

— Pas plus en Dieu qu'en toi.

Elle se lève d'un bond, plus féline qu'un chat. Elle s'empare de son sac qui gît à terre et fouille à l'intérieur. Elle en sort une petite liasse de billets – sans doute son cachet de la soirée – et jette l'argent sur le lit.

— Voilà en quoi je crois, c'est ma seule certitude : l'argent ! Je suis partie de chez moi à l'âge de seize ans. Et j'ai compris très tôt que je ne pouvais compter que sur moi-même. Tes consultations, garde-les pour les gens crédules ! Je n'ai pas besoin de toi.

Je mesure à quel point cette femme a dû souffrir pour être aussi dure aujourd'hui. Je me tais, je n'ai aucun reproche à lui faire. Nos existences nous forgent. Et la vie est sans pitié pour certains d'entre nous. Je ressens que Lucie sort d'un improbable enfer qui a fait d'elle ce qu'elle est aujourd'hui. Une femme qui, très jeune, a déjà perdu toute illusion sur la vie.

Elle récupère d'un geste rageur les quelques billets épars sur le lit et me lance d'une voix froide :

— Je dois y aller.

Je ne fais rien pour la retenir. Je ne lui demande même pas son numéro de téléphone. Je la laisse partir. À regret. Lorsque la porte claque, je ressens un grand vide en moi. Lucie a emporté ses billets. Mais aussi une partie de mon cœur. Le paradis n'est jamais très loin de l'enfer.

23

Dialogue avec les morts

Univers musical : B.O. du film *Ghost, Unchained Melody* (orchestral version), de Maurice Jarre

« L'Enfer et le Paradis », d'une certaine manière, c'est justement le thème de cette soirée.

Où sont nos chers disparus ? Sont-ils heureux, désormais libérés du joug d'une vie terrestre ? Sont-ils montés dans la lumière, cette source divine, l'origine de nos âmes ? C'est l'interrogation que se pose la centaine de personnes qui m'entoure. La salle est pleine à craquer. Depuis une heure, l'assemblée est suspendue aux lèvres des intervenants.

Béatrice est une de mes consultantes. Elle m'a fait l'honneur de m'inviter à une conférence organisée par l'association lyonnaise pour laquelle elle œuvre : Vivre son deuil. Même si je réprouve le spiritisme, comme toute forme de communication avec les défunts, je n'ai pas osé refuser.

Je comprends la douleur de l'assistance, chacun attend de savoir ce qu'est devenu un proche. Je suis plus réservé sur ce que sont en train de faire les médiums présents. Convoquer ici, dans cette salle, l'âme des disparus.

Je sais qu'un médium peut y parvenir, bien évidemment. Régulièrement, des défunts s'invitent dans mes consultations, car ils ont un message à délivrer à un consultant. Je les accueille alors avec respect et bienveillance. Mais jamais plus je ne dérangerai volontairement le repos éternel d'un défunt, comme lorsque j'étais adolescent, à Montpellier. Les disparus viennent à nous, s'ils le souhaitent. Mais ce n'est pas à nous, les médiums, que revient le rôle de forcer la porte entre le monde des morts et celui des vivants. Sur Terre, comme au ciel, chacun doit rester à sa place.

Cette ambiance me met mal à l'aise. La salle est saturée de vibrations de tristesse. En tant que médium, je ressens les sentiments de ceux qui m'entourent. Il doit en être de même pour les autres. Aucun de ceux qui nous entourent n'a fait le deuil d'un disparu. La salle est une plaie béante. Je suffoque presque sous les ondes de douleur. Je reste néanmoins à cette soirée, ne serait-ce que pour ne pas vexer Béatrice. Elle m'a pris au dépourvu, lorsque je suis allé la saluer en début de soirée. Elle m'a dit : « Ce soir, je vais te présenter au public ». Charmante attention, mais à quoi bon ? Jamais je ne reproduirai ce que font les autres ici. Cette salle est un cimetière dont on a ouvert les tombes… Faut-il réveiller les morts et les faire redescendre jusqu'à nous, englués que nous sommes, sur une Terre en conflit ? Ils ont atteint la sérénité, devons-nous la troubler avec nos angoisses terrestres ? Je ne le pense pas, mais ce n'est que mon avis…

Une voix me tire soudainement de mes pensées. Quelqu'un m'appelle.

— Esteban, es-tu là ? Tu es parmi nous ?

Béatrice, du haut de l'estrade, scrute le public, elle me cherche. Visiblement, l'heure de ma présentation est venue. Je lève la main pour qu'elle puisse me localiser dans la salle. Le visage de Béatrice se fend d'un sourire.

— Ah, Esteban, viens avec moi sur scène.

Non, pitié, pas ça ! Moi qui déteste m'exhiber et qui m'étais réfugié dans l'obscurité du fond de la salle, me voici invité à monter sur cette estrade inondée de lumière. Je n'avais pas imaginé que Béatrice agirait ainsi. Je pensais qu'elle se contenterait de prononcer quelques paroles sur moi. Je me lève à regret et me dirige vers la scène en essayant de contrôler mon stress. Je monte les quelques marches et rejoins Béatrice sous les projecteurs.

— Chers amis, je vous présente Esteban Frederic, un jeune voyant dont on n'a pas fini d'entendre parler. Esteban, que dirais-tu de nous montrer tes capacités ? Je t'en prie, choisis une photo et mets-toi en contact avec un disparu, proche de l'une des personnes présentes ici ce soir.

La situation est encore pire que ce que je pensais, me voici contraint d'effectuer quelque chose que je réprouve totalement. Mais aucune échappatoire n'est possible. Je ne peux faire l'affront à Béatrice de refuser cette demande. La mort dans l'âme, je m'exécute donc. Je m'approche de la table sur laquelle sont posées quelques dizaines de photographies. Certaines, aux couleurs passées, sont visiblement anciennes, d'autres, au contraire, semblent très récentes. Elles correspondent sans aucun doute aux décès les plus proches dans le temps. Quelle photographie choisir ? Je n'en ai aucune idée. Je ferme les yeux et je passe lentement la main au-dessus de ces clichés familiaux. Je ressens peu de vibrations. La plupart de ces défunts sont sans doute montés vers la lumière et sont aujourd'hui inaccessibles. Soudainement, mon cœur se met à battre plus fort. Je ressens des ondes de stress émaner de l'une de ces photos. J'ouvre les yeux et je vois ma main immobilisée au-dessus d'un cliché surprenant : un adorable chat noir et blanc fixe l'objectif. Je prends en main la photographie et la fixe longuement. Ce chat n'est pas mort, la mince feuille de papier palpite de vie dans ma main. Je la montre au public et demande d'une voix forte :

— La personne qui a apporté cette photographie est-elle encore présente dans la salle ?

Une dame d'un certain âge lève la main. Un assistant se dirige vers elle et lui tend un micro. Depuis la scène, je perçois sa timidité. Je l'encourage à poser une question.

— Bonjour, Madame, quelle est votre interrogation, à propos de ce chat ?

— Je sais que je vais paraître un peu ridicule au milieu de tous ces gens qui ont perdu un proche. Mais ce chat, c'est comme un membre de ma famille... Il s'est enfui il y a quelques jours. Pouvez-vous me dire s'il est encore vivant ou s'il est...

Sa voix vibre d'émotion, elle ne parvient pas à terminer sa phrase, mais je comprends parfaitement le sens de son interrogation. Ce chat est-il mort ou vivant ? Je connais déjà la réponse à sa question, mais avant de lui répondre, je ferme les yeux. Où est-il ? Où se trouve ce chat disparu ? Je visualise un endroit sombre, froid et humide. J'ai une sensation d'enfermement, de sortie bloquée. J'entends la voix de cette femme appeler l'animal. Il gratte un sol en terre pour sortir de sa prison, mais n'y parvient pas. Il miaule à fendre l'âme.

— Madame, votre chat n'est pas mort. Il est coincé dans un espace exigu assez sombre. Cet endroit se trouve tout près de chez vous, car votre chat vous entend lorsque vous l'appelez.

Pris d'une inspiration soudaine, je lui demande :

— Vous vivez dans une maison avec un jardin ?

— Oui.

— Un jardin assez grand, j'imagine ?

— Effectivement, j'ai beaucoup d'espace, mais pourquoi ?

— Dans ce grand jardin, vous avez une petite cabane, quelque chose qui ressemble à ça ?

— Oui, j'ai un abri au fond de mon jardin.

— Un abri avec un sol en terre ?

— Heu… oui, tout à fait.

— Votre chat est là, Madame. Enfermé dans cet abri. Il a réussi à se faufiler dedans, mais il est incapable d'en sortir.

— Il est vivant ?

— Oui, Madame, je le sens faible, mais bien vivant ! Il vous attend.

La femme bafouille quelques remerciements, attrape son sac et son manteau et sort d'un pas rapide de la salle.

Je tends le micro à Béatrice, qui est restée en retrait derrière moi, et lui souffle :

— Je file.

Elle pose une main sur le micro et me répond dans un murmure :

— Tu ne restes pas ?

— Les morts, c'est pas mon truc. Je ne communique jamais avec eux.

Je me trompais lourdement. Car, d'ici quelques heures, j'aurai renié cette parole.

24

Une lumière dans les ténèbres

Chaque nuit a une saveur particulière. Et cette déambulation nocturne dans les rues de Lyon me laisse un goût amer en bouche. Peut-être est-ce la pollution qui sature l'air ? Peut-être est-ce autre chose, de plus subtil, comme les sombres énergies de cette soirée dédiée aux morts.

Je resserre mon manteau autour de mon corps frissonnant. La température est glaciale, et le ciel se peint d'un noir d'ébène. Nulle étoile ne brille au firmament, et si les portes des cieux s'ouvrent de nouveau, ce soir, ce ne sera pas pour laisser venir jusqu'à nous l'âme des défunts, mais pour déverser sur Lyon un déluge d'eau glacée. J'accélère l'allure pour ne pas me laisser surprendre par l'orage qui menace, et franchis d'un pas rapide les dernières centaines de mètres qui me séparent encore de mon domicile du cinquième arrondissement.

Arrivé chez moi, je ne peux m'empêcher de verrouiller la porte à double tour. Un sentiment de malaise confus m'habite depuis que j'ai quitté la conférence. Malgré la douce tiédeur de mon appartement, mon corps est encore parcouru de frissons. Je retire à regret mon manteau, et dépose mon téléphone sur la console de l'entrée. Sur l'écran, un petit symbole me signale que j'ai un nouveau message. J'hésite à l'écouter. Je suis vanné, et je n'ai nulle envie d'entamer une conversation avec qui que ce soit, ce soir. Si je dois rappeler quelqu'un, cela peut attendre demain.

Je me déshabille, jette mes vêtements sur le canapé du salon et file dans la salle de bain. J'ai besoin de me détendre, et surtout, de me réchauffer. J'entre dans la cabine de douche et ouvre à fond le robinet d'eau chaude. Je ferme les yeux et me laisse envahir par une douce sensation de bien-être. L'eau brûlante nettoie mon corps de toutes les impuretés de la journée. Y compris de celles en provenance de l'au-delà.

Lorsque je repasse par le couloir pour aller me coucher, je remarque le téléphone que j'ai lâchement abandonné sur la console. Je le ramasse au vol et m'engouffre dans le nid douillet de ma chambre. Calé au fond de mon lit, je déclenche le répondeur. Une voix féminine, un peu haletante, me noie sous un flot décousu de paroles. C'est la dame de la conférence. Elle a retrouvé son chat enfermé dans l'abri de jardin, comme je le lui avais indiqué. Elle alterne entre le rire et les larmes, et conclut son message par une invitation à déjeuner pour que je rencontre son petit protégé. Pourquoi pas ? Comme tous les médiums, j'adore les chats !

Je dépose le téléphone sur la table de chevet en souriant et coupe la lumière. Je téléphonerai demain pour accepter l'invitation. À cette heure, la dame doit être couchée, alors que son chat, roulé en boule contre elle, ronronne de plaisir d'avoir retrouvé son foyer.

Je ferme les yeux et attends le sommeil. Il ne vient pas. À l'inverse, derrière le rideau de mes yeux fermés, apparaît une petite lumière blanche. Elle scintille dans le noir, comme Sirius au milieu du ciel. J'ouvre les yeux, la chambre est plongée dans l'obscurité, il n'y a de lumière nulle part. Je les referme, et la vision de cette lueur s'impose de nouveau à mes sens. Je me frotte les yeux, mais rien n'y fait. Encore et toujours, ce point lumineux est présent dès que je ferme les paupières. Je sais que je ne suis pas victime d'une hallucination visuelle. Et cette lumière n'a rien à voir avec une persistance rétinienne, cette image que l'on continue à voir après avoir fixé un point lumineux. Non, c'est autre chose. Une sorte d'aura brillante, perçue par mon seul sixième sens.

Cette soirée dédiée aux disparus n'en finira donc jamais ? Car c'est bien de cela qu'il s'agit. Une entité tente de forcer la porte de mon esprit. Cette lumière est comme un phare qui la signale. Je lui envoie un message mental : « Je ne veux pas communiquer avec toi. Retourne d'où tu viens, ta place n'est pas ici, mais dans l'autre monde. »

La lumière vacille, perd en intensité et s'efface peu à peu. Elle m'envoie une onde de pure tristesse. Bien malgré moi, une connexion se fait alors entre nous, et je visualise une image qui me renvoie à mes années d'enfance. L'image d'un visage que je connais bien. Celui de ma grand-mère. « Mamie ? »

La lumière grandit alors, jusqu'à en devenir presque éblouissante. L'image de ma grand-mère s'impose de nouveau. Le visage sourit, mais un doigt se pose sur sa bouche, comme pour me dire : « Chuuut… »

De toute la puissance de mon esprit, j'envoie ce message : « Ne pars pas, tu me manques tant ! »

En réponse, je reçois des ondes d'amour et de tendresse. Une sorte de bienveillance absolue, que je n'ai jamais ressentie auparavant. Puis je vois une image floue, mais je reconnais sans difficulté la salle de conférence et la centaine de personnes qui ont assisté à la soirée. J'entends alors distinctement ma grand-mère prononcer ces mots : « C'était de l'amour, Esteban. L'amour n'est ni vivant ni mort. L'amour est éternel. »

De nouveau, son doigt se pose sur sa bouche. Elle ne doit plus parler, et je ne dois pas lui répondre. « Chuuut… » Son visage s'estompe, puis disparaît, comme happé par la nuit. Je suis tétanisé. Abasourdi. Je tente de l'appeler. Seul le silence me répond. Un silence qui me semble soudainement insupportable. Plus pesant qu'un sac de plomb.

Je repasse en boucle la phrase de ma grand-mère dans mon esprit : « C'était de l'amour, Esteban. L'amour n'est ni vivant ni mort. L'amour est éternel. » Je comprends ce qu'elle veut me dire. Et je perçois l'ampleur de mon erreur. Ce soir, j'ai très certainement manqué de compassion et d'empathie. L'assemblée présente à cette conférence était composée de gens en souffrance, certes, mais avant tout de gens qui aiment. Car l'amour est plus fort que la mort. Au-delà du décès, les sentiments subsistent et relient toujours les êtres. Et cela, quel que soit le monde dans lequel chacun se trouve. Celui des morts ou des vivants.

L'amour est plus fort que la mort. Car ce n'est pas le corps qui aime, mais l'âme. Or l'âme est éternelle. Insensible au tumulte de nos existences terrestres.

25

Les chemins de la discorde

Univers musical : *Woman,* de John Lennon, interprété par John Lennon

J'enchaîne les consultations dans un brouhaha difficilement supportable. Coincé dans les deux mètres carrés de mon box, je réconforte autant que je le peux les âmes en peine. Un simple rideau me sépare du box voisin, et l'intimité des consultations est donc très relative. Je peux distinctement entendre les prédictions de la voyante d'à côté. Et je suis parfois obligé de monter un peu la voix pour me faire entendre par mon propre consultant, installé pourtant à un mètre de moi. Les conditions de travail sont encore plus difficiles que je ne pouvais l'imaginer. Se concentrer, en voyance, dans un tel environnement est un véritable défi professionnel.

J'ai intégré ce salon de la voyance deux jours auparavant, à l'invitation de Gabriel, qui semble réellement décidé à lancer ma carrière. L'occasion pour moi de découvrir un milieu professionnel, que je connais finalement assez peu.

Et je n'ai pas été déçu ! Tout au long de ces dernières journées, j'ai dialogué avec des voyants de qualité, des femmes et des hommes qui se sentent véritablement investis d'une mission : aider leur prochain. Mais au hasard des allées du salon, j'ai aussi rencontré nombre de marabouts douteux ou des « stars de la voyance » autoproclamées.

Le responsable d'une plateforme Internet m'a même abordé pour me recruter dans son équipe. Peu importe que je sois véritablement voyant – il ne me l'a pas caché –, car ma mission est de garder en ligne les consultants le plus longtemps possible et de leur vendre des cierges à un prix mirobolant. Voire de leur demander de me rappeler dès réception de leur cierge, pour que nous puissions faire une prière ensemble, par téléphone. De l'arnaque totale !

Je suis atterré. Je me doutais qu'il y avait quelques aigrefins dans le milieu de la voyance, mais ce niveau de cynisme me sidère. Des gens sont en souffrance. Et d'autres abusent de leur peine. Qu'ai-je en commun avec ces personnes-là ? Ils sentent le soufre, n'ont aucune éthique professionnelle et sont la cause de la dégradation de l'image de notre métier. J'ai envie de fuir ce salon. Pourtant, j'y ai rencontré quelques véritables professionnels. Mais combien y en a-t-il sur cet immense espace de plusieurs milliers de mètres carrés ?

En ce dernier jour, je décide de partir avant la fermeture. J'en sais suffisamment. J'en ai vu assez. Je pars saluer les quelques personnes de qualité que j'ai rencontrées sur le salon puis, bien évidemment, je vais dire au revoir à Gabriel, lui-même installé dans un box guère plus confortable que le mien. Il semble surpris.

— Tu pars déjà ?

— Honnêtement, j'en peux plus. Enchaîner encore des consultations serait malhonnête, je ne vois plus rien. Je suis lessivé !

— Je te comprends, le rythme d'un salon est difficile à tenir. De toute façon, ce n'est pas très grave, on ferme dans une demi-heure. Je vais te faire un aveu, moi aussi, je suis crevé. Et comme toi, mieux vaut que j'arrête, avant de devenir mauvais. Allez, viens, sortons d'ici, je t'invite à dîner dans un endroit plus calme. Tu viens de vivre ton premier salon, ça se fête !

— Tu veux aller dîner où ? Chez toi ?

— Soyons fous, allons dans un restaurant, et tant pis si l'on nous demande de signer des autographes.

— Je ne pense pas qu'on me propose de signer des autographes. Mais qu'on te le demande à toi, c'est à peu près certain.

— Ton tour viendra, mon cher Esteban.

— Tu sais, je ne suis pas pressé de faire des séances de signatures. Ma philosophie de vie, c'est plutôt : « Pour vivre heureux, vivons cachés ! »

— Tu seras bien obligé de faire des concessions, si tu veux être réellement connu un jour. La notoriété a ses exigences. Tu découvriras ça par toi-même. Allez, viens, on file ! Je connais un petit restau dans lequel j'ai mes habitudes, à deux pas d'ici. Tu verras, c'est très sympa, ça devrait te plaire.

Mon ami ne m'a pas menti. Ce petit restaurant possède un charme indéfinissable. Le baroque côtoie la pop culture, comme les meubles anciens. Il m'explique :

— C'est à la fois un restaurant et un dépôt-vente. Ici, tout est à vendre, la déco de la salle, les tables, les chaises, et même la vaisselle dans laquelle on va dîner. Si tu veux redécorer ton appartement, c'est le moment de faire tes emplettes.

Je trouve plutôt sympa le concept du lieu. Mais je n'ai aucune envie d'emporter mon assiette après le repas. J'ai ce qu'il faut chez moi.

Nous nous installons à une table un peu en retrait. La lumière est tellement tamisée que je me demande si nous allons voir ce que nous allons manger !

Une serveuse s'approche et nous demande dans un sourire :

— Messieurs, vous désirez un apéritif ?

— Esteban, champagne, ça te va ?

— Je ne sais pas ce qu'on fête, mais pourquoi pas !

— Je te l'ai dit, on fête ton premier salon ! Deux coupes, Mademoiselle, s'il vous plaît.

— Je vous apporte ça tout de suite.

Elle marque un temps d'hésitation, semblant sur le point de dire quelque chose. Je me dis : « Non, pitié, pas la séance d'autographes ». Mais je me trompe lourdement. La serveuse ajoute seulement, avec un air complice :

— Vous êtes très mignons, tous les deux.

Elle nous fait un clin d'œil et tourne les talons. Je déglutis avec difficulté.

— Elle nous drague ou tu crois qu'elle veut dire autre chose ?

Mon ami sourit.

— Non, je ne pense pas qu'elle nous drague.

— On est très mignons tous les deux ! Ça veut dire quoi ? Tu crois qu'elle imagine qu'on est ensemble ?

— Probablement. Mais prends-le comme un compliment, je suis beau mec, non ?

— Heu... tu sais...

— Reste zen, Esteban, je te taquine. Quoiqu'on ferait un beau couple, tous les deux !

Mal à l'aise, je ricane bêtement et décide de dévier la conversation vers un autre thème.

— Tu as rencontré des gens intéressants sur le salon ?

— Oh, tu sais, depuis que je participe à cet événement, je connais tout le monde, ou presque. Mais j'ai eu quelques jolies rencontres avec des consultants. Et toi, tu es content de ta participation ?

— Oui, comme toi, j'ai rencontré des consultants vraiment très sympas. Côté voyants, le bilan est plus mitigé, j'ai vu autant de vrais pros que d'hurluberlus. Une vieille voyante m'a dit sur le ton de la confidence que les araignées nous écoutaient. Tu vois le délire...

Il rigole.

— Qui sait, peut-être qu'elles nous écoutent ?

— Franchement, ça ne me fait pas rire. Tu imagines vraiment que cette dame peut aider un consultant ? Aucune chance. Elle a perdu tout contact avec la réalité.

— Sans aucun doute. Beaucoup de vrais voyants s'épuisent dans le métier... et, parfois, perdent pied. C'est rare, mais ça peut arriver.

— Charmante perspective. J'ai beaucoup réfléchi sur le salon. Je ne me sens pas à ma place sur des événements. J'ai testé des soirées voyance en bar, c'était vraiment compliqué de rester concentré sur les consultations. Trop de bruit, trop de gens autour de moi. Je préfère le travail en cabinet, en télévision ou en radio. Là, au moins, on peut travailler dans de bonnes conditions. Et puis, j'ai une autre idée…

— Laquelle ?

— Créer une plateforme sur Internet avec de bons professionnels de la voyance. Ça serait comme un mini salon, avec des voyants consultables par téléphone. Ils pourraient travailler dans de bonnes conditions depuis leur cabinet. J'ai envie de redonner à notre métier ses lettres de noblesse.

— Je te déconseille ce projet !

— Pourquoi ?

Gabriel, toujours si sûr de lui, semble soudainement hésiter. Il réfléchit quelques secondes, se caresse le menton du bout des doigts, puis enchaîne…

— Comment te dire… tout d'abord, j'ai moi-même comme projet de créer une plateforme de voyance en ligne. Et je n'ai pas envie d'avoir un concurrent supplémentaire en face de moi.

Il me fixe d'un air froid. Son regard de médium me transperce de part en part. Il reprend :

— On n'est pas du même niveau, toi et moi, tu en es conscient ? Mais ça me déplairait que tu te retournes contre moi. On ne trahit jamais un ami.

Je me sens totalement décontenancé.

— Mais Gabriel, il n'est pas question de te trahir, je te parle juste d'un projet !

— Que tu ne mèneras pas à son terme, Esteban, encore une fois, je te le déconseille ! Laisse-moi guider ta carrière, je te dirai ce que tu dois faire, plutôt que de t'embarquer dans des projets fumeux. Pour l'instant, tu as suivi mes conseils. Tu n'as pas à t'en plaindre ! Tu es passé en télé, en radio, et tu viens de participer à ton premier salon de la voyance. Laisse-moi gérer le reste de ta carrière, j'ai suffisamment d'amis pour t'aider à évoluer.

Il marque une pause et ajoute :

— Tu sais, j'ai aidé beaucoup de petits jeunes dans ton genre au cours de mon existence. Aucun ne s'en plaint. Bien au contraire, ils ont tous su me montrer leur reconnaissance…

À ces mots, il pose sa main sur la mienne, et un désagréable frisson électrique me parcourt. Je retire ma main d'un geste brusque. Je ne lui réponds pas, j'essaie d'analyser froidement les paroles de Gabriel. Si je suis son raisonnement, mon futur professionnel est totalement dépendant de cet homme. Et si je poursuis notre collaboration, je dois donc renoncer à toute possibilité de prendre des initiatives personnelles pour développer ma carrière. Il aurait affirmé « Tu es à moi » que je ne serais pas plus mal à l'aise. Jusqu'à quel point pousse-t-il ce raisonnement ? Quel sera le prix à payer pour continuer à bénéficier de ses conseils et de son aide ? Son attitude ambiguë ne laisse guère de place au doute.

Ma décision est prise en un instant. Je renonce. À l'amitié comme à la collaboration avec cet homme. Car elles sont inconciliables avec ma liberté. Et ma liberté n'est pas à vendre. Je ne suis peut-être qu'un gentil dauphin, mais je ne me laisserai pas croquer tout cru par des requins de la voyance. Qu'ils satisfassent leur appétit ailleurs…

26

La danse de l'amour

La surprise est de taille. Lorsque je retourne chez moi, à Lyon, je découvre un message de Lucie, parmi ceux laissés par les consultants.

— Salut, sorcier. Si tu es dispo ce soir, je passe te voir, j'ai quelque chose à te dire. Je peux être chez toi vers dix-neuf heures. Je te laisse mon numéro de téléphone…

Quelque chose à me dire ? De nouveaux reproches à me faire pour avoir jugé que la drogue était nocive pour sa santé ? Je suis perplexe. Je décide d'accepter sa proposition. J'avoue que dans mon for intérieur, je suis ravi de revoir Lucie. Je regarde l'heure, il est presque dix-huit heures. Je me hâte de lui répondre. Ne sachant pas exactement de quoi il retourne, j'envoie un texto laconique. Autant ne pas prendre de risque avec une invitation à dîner qui pourrait apparaître comme étant déplacée.

« Salut Lucie. Dispo à dix-neuf heures. Je t'attends. »

Fourbu par les journées chargées du salon et par le voyage en train de l'après-midi, je décide de me délasser en prenant une douche brûlante. J'ai le corps noué de fatigue. J'ai à peine le temps de me sécher et d'enfiler une tenue décontractée que l'on frappe à ma porte. Le réveil de ma chambre indique dix-huit heures trente. Lucie, déjà ? Pieds nus et les cheveux encore humides, j'ouvre la porte. C'est bien elle, rayonnante. Infiniment attirante.

— Je suis en avance, je te dérange ?

— Pas du tout, je t'attendais. Je t'en prie, entre.

Je m'efface pour la laisser passer. Elle scrute mon studio, comme si elle le découvrait pour la première fois.

— Tu cherches quelque chose ?

— Non, je regarde juste si un de tes consultants n'est pas planqué dans un placard.

Je ris de bon cœur.

— Tu sais, je suis peut-être voyant, mais je suis aussi un homme. Le soir, je reçois des amis, et pas des consultants. Tu... tu avais quelque chose à me dire ?

— Oui, ça !

Elle se rapproche de moi, pose ses bras autour de mon cou et m'embrasse avec passion. Puis elle me pousse sur le lit et vient se coller à moi. Je ne résiste pas. Nous entamons la danse de l'amour.

Lorsque nos corps se séparent, la nuit est tombée depuis longtemps. Je suis en sueur et elle aussi. Sa peau brille sous la clarté de la lune. J'admire ses courbes sensuelles. Ainsi vêtue de sa seule nudité, elle est d'une beauté à perdre la raison. Je suis un homme comblé, mais vaincu par la fatigue des jours passés, le sommeil ne tarde pas à avoir raison de moi. Mon âme légère s'envole et part en direction des étoiles. Jusqu'à ce qu'une main ferme secoue mon épaule.

— Réveille-toi, sorcier, j'imagine que tu travailles aujourd'hui.

J'ouvre les yeux avec difficulté. Le soleil, qui entre à flots par la petite fenêtre du studio, m'éblouit. Je regarde l'heure. Déjà huit heures.

— Merde, je suis carrément à la bourre !

— C'est quoi, ton programme, aujourd'hui ?

— Je suis absent depuis trois jours, il faut que je gère les demandes de consultations qui se sont accumulées sur mon répondeur, que je traite les demandes de voyance mail et que je reçoive ensuite les consultants du jour. Le premier arrive à quatorze heures. Autant te dire que je ne vais pas chômer. Je nous prépare un café et je file sous la douche.

Je dépose un léger baiser sur les lèvres de Lucie et me lève d'un bond. Je file dans la cuisine préparer le petit déjeuner.

— J'ai une idée.

Je passe la tête par la porte.

— Quelle idée ?

— J'ai rien à faire ce matin, je m'occupe de caler tes rendez-vous par téléphone, comme ça, tu auras plus de temps pour traiter tes voyances par mail.

— Tu veux être ma secrétaire ce matin ? Tu te sens de faire ça ?

— Ne me sous-estime pas. Ça fait des années que je suis hôtesse, j'ai une certaine expérience en relations publiques. Tu sais quoi ? Je vais t'étonner… il m'arrive même d'être gentille avec les gens !

Je ne peux m'empêcher de rire.

— J'en doute pas. Si tu étais méchante jusqu'à maintenant, je crois que tu vas me faire craquer quand tu vas devenir gentille.

Toute la matinée, je me concentre sur les questions écrites et j'envoie des mails de réponse, pendant que Lucie cale un à un les rendez-vous. Je l'écoute d'une oreille attentive. Même par téléphone, elle sait être charmeuse. Les consultants acceptent ses propositions de rendez-vous sans rechigner. Lorsqu'enfin, elle a terminé, je m'approche et regarde le carnet de rendez-vous. Le résultat est parfait, pas de temps morts dans mon planning, si ce n'est des pauses d'un quart d'heure qu'elle m'a réservées de temps à autre. Je n'aurais pas fait mieux.

— Tu n'es pas une si mauvaise secrétaire que ça, finalement !

— Je suppose que je dois prendre ce commentaire comme un compliment ?

— Tu peux ! Je t'invite à déjeuner pour te remercier ?

— C'est adorable, mais je dois manger avec une copine. Elle a des problèmes de couple, j'ai promis de la consoler.

— Dommage.

J'hésite. Je me lance :

— Tu veux venir ce soir ?

Elle me regarde, sourit et me répond.

— À quelle heure ?

— Dix-neuf heures, comme hier ?

— Je serai là. Fais attention, tu risques de t'habituer à moi.

— Aïe, oui, tu as raison, ce ne serait pas raisonnable ! Il vaut mieux annuler.

— Idiot ! Elle fait mine de me gifler. De toute façon, que tu le veuilles ou non, je serai là à dix-neuf heures. Tu es foutu, sorcier.

Effectivement, je suis foutu, car totalement envoûté. Les mois suivants, il ne se passe pas un soir sans que Lucie ne me rejoigne dans mon studio. Très vite, la décision de prendre un appartement ensemble s'impose à nous. Lucie quitte son travail d'hôtesse pour devenir ma secrétaire à temps plein. Elle remplace la drogue par l'amour. Et l'amour devient ma drogue.

27

La consécration

Univers musical : *Ain't no sunshine*,
de Bill Withers, interprété par Bill Withers

Lucie entre en trombe dans mon cabinet.

— Esteban, c'est génial, je viens de recevoir un mail !

— Jusque-là, tout est normal, ma chérie, tu ne savais pas que les gens communiquaient par mail depuis quelques années, déjà ?

— Pourquoi je te déteste parfois ?

— Parce que tu m'aimes, dis-je en riant.

— Tu sais ce que dit le mail ?

— Non, mais comme j'ai des dons paranormaux, je ressens que tu vas me le dire !

— Tu es vraiment insupportable. Tu mériterais que je ne te dise rien. Tu as été nommé parmi les dix meilleurs voyants de France, idiot !

— Pardon ?

— Le message a été envoyé par le Guide de la Voyance. Tu fais partie du top dix des voyants que le guide a testés cette année !

La nouvelle me laisse sans voix.

— Je vais poster tout de suite un message sur ta page Facebook pour annoncer la nouvelle à tes abonnés. C'est génial, tu vas crouler sous les *likes*.

— Attends, je ne suis pas sûr que ce soit une bonne idée.

— Ce que femme veut, Dieu le veut ! Tu n'as pas à discuter. Vraiment, parfois, je te comprends pas. Qu'est-ce que tu crains ?

— Ce que je crains ? Me transformer en usine à voyance. Je ne veux pas avoir trop de rendez-vous en une journée. Je souhaite traiter chaque consultation en me laissant le temps qu'il faut pour bien effectuer mon travail. Et le problème, c'est que quand tu auras posté la nouvelle, le cabinet sera pris d'assaut.

— Tu me désespères, parfois. Tu refuses de faire de la pub, tu ne vas pratiquement plus à la télé, il n'y a plus que les émissions de radio où tu te rends encore régulièrement.

— Lucie, à quoi ça sert de faire encore de la promo, si ce n'est pour flatter mon égo ? J'ai pas besoin d'avoir ma photo en couverture des journaux TV ! Je ne vois plus l'intérêt de perdre une journée de travail pour jouer au « singe savant » devant les caméras. Je préfère me concentrer sur mes consultations.

— Mais Esteban, t'as pas encore trente ans et tu es déjà classé dans les dix meilleurs voyants du pays. Tu envisages comment la suite ? Tu ne vas pas t'arrêter là ? Refuser tous les plateaux télé ou toutes les demandes d'interviews, c'est ça, ta ligne de conduite ?

Je soupire, déjà lassé par cette conversation que je juge stérile. Je tente une autre approche.

— Regarde Gabriel, tu penses qu'il est heureux ? Je t'ai expliqué ce qu'il a tenté de faire avec moi, quand j'étais à Paris. En toute sincérité, je ne lui en veux pas, il me fait réellement de la peine. Il est accro aux plateaux télé, aux flatteries, aux louanges… et aux courtisans. C'est ça, une vie ? C'est ça, la vie que tu veux pour l'homme que tu aimes ? Moi, je veux rester sincère, loin des *sunlights*, et apporter le meilleur à mes consultants.

— OK, Gabriel, c'est un extrême, je te l'accorde. Mais toi ? Tu ne vas pas passer ta vie enfermé dans un cabinet ? Tu n'as aucune ambition ?

— Si, ma chérie, mais elle ne passe pas par les médias. Et si ça peut te rassurer, j'ai envie d'aller plus loin dans mon métier de voyant ! Même si ça te paraît bizarre, je ne suis pas un cas isolé. J'ai croisé la route d'autres voyants tout aussi honnêtes dans leur démarche. Je veux les réunir un jour et créer une plateforme de voyance en ligne.

— Donc tu veux arrêter le cabinet ?

— J'ai pas dit ça. Et de toute façon, le temps de la plateforme n'est pas encore venu. Je dois me former techniquement sur le sujet avant. C'est seulement un projet et pas encore notre actualité, ma chérie. On doit prendre le temps. Comme tu me l'as dit, je suis encore jeune. Pour l'instant, j'ai un cabinet et ça me suffit. On doit viser la qualité et pas la quantité.

— Parfois, je me dis que tu aurais dû être curé plutôt que voyant. Tu sais, j'ai pas vu beaucoup de morale dans ce monde, et dans ton genre, tu es une espèce d'extraterrestre ! Et sinon, je fais quoi avec la nouvelle, je la poste sur Facebook ou pas ?

— Vu que tu y tiens tant, poste, ma chérie, poste… De toute façon, les gens finiront bien par le savoir. Ça ne sert à rien de cacher l'info.

Ainsi que je l'avais craint, les rendez-vous sont à saturation dès la semaine suivante, et les temps d'attente s'allongent pour obtenir un rendez-vous avec moi. Je sens qu'il va falloir trouver une solution rapidement. Faute de mieux, la seule initiative que je puisse prendre est de cesser totalement les émissions télé et radio, afin de réduire l'exposition médiatique et tenter de retrouver, ainsi, un semblant de contrôle de la situation. Diminuer la voilure, afin de mieux gouverner le navire. C'est désormais ma stratégie. Garder le cap est ma seule priorité.

28

Burn out

Du feu, du sang et des larmes. L'image est tellement violente et subite que j'en perds l'équilibre et tombe au sol, les mains en avant. Je suis sonné. Alertée par le bruit de ma chute, Lucie sort de la petite pièce qui lui sert de bureau. Elle me regarde, effarée.

— Mais qu'est-ce qui t'arrive ? Ça va ?

Elle m'aide à me redresser. Je titube un peu. J'essaie de me montrer rassurant.

— C'est rien, je suis tombé.

— Je te trouve à quatre pattes sur le sol, et tu me dis que tu vas bien ? Qu'est-ce que tu me caches ?

Je n'ai pas envie de me battre. Je me sens réellement mal en point. Je préfère lui dire la vérité.

— J'ai eu un flash, et pendant quelques secondes, j'étais plus ici, mais dans un hélicoptère. Un hélicoptère qui s'écrasait au sol. C'était terrible. Je te raconterai plus tard…

— Oui, exactement, tu me raconteras plus tard, parce que pour le moment, tu vas aller t'allonger sur le canapé du salon. J'ai pas envie de te ramasser par terre à deux reprises dans la même journée !

— Je ne peux pas, Lucie, j'ai des voyances mails à traiter, il faut que je les fasse maintenant, cet après-midi, j'ai des rendez-vous avec des consultants.

— Tu ne tiens même pas debout, tu crois vraiment que tu es en état de faire de la voyance ? Clairement non.

Je sais qu'elle a raison, les images de la vision tournent encore dans ma tête, je suis incapable de me concentrer sur quoi que ce soit. J'abdique, vaincu.

— D'accord, je vais aller m'allonger un peu dans le salon.

Lucie attrape ma main et, d'autorité, me conduit vers le canapé. Elle prend un coussin, le cale contre l'accoudoir et m'ordonne :

— Allonge-toi !

Je m'exécute sans protester.

— Si tu bouges un petit doigt dans l'heure qui suit, je t'assomme ! Au moins, tu sauras pourquoi tu tombes par terre ! dit-elle en souriant. J'envoie un message à tes consultants par mail, je leur dis qu'on aura un peu de retard dans les réponses. En attendant, je te laisse te reposer.

Elle dépose un léger baiser sur mes lèvres et retourne dans son bureau. Je ferme les yeux pour me relaxer un peu. Je m'endors presque aussitôt.

Lorsque je me réveille, mon premier réflexe est de regarder ma montre. Il est presque midi. Je me dis que si je mange un morceau rapidement, j'ai encore le temps de traiter quelques voyances écrites, avant mon premier rendez-vous de l'après-midi. Je me lève encore un peu groggy et me dirige vers la cuisine pour me préparer un café. En passant devant la porte entrouverte de la chambre, j'entends du bruit. Je jette un coup d'œil dans l'entrebâillement, et j'aperçois Lucie, les bras chargés de pulls en laine. J'entre dans la pièce. Sur le lit se trouvent plusieurs sacs de voyage qui débordent de vêtements.

— Chérie, qu'est-ce que tu fais ?

— Ça se voit pas ? Des bagages !

— Tu pars où ?

— Sans toi ? Nulle part. Tu viens trois jours à la montagne avec moi.

— Mais c'est pas possible, j'ai encore deux jours de rendez-vous avant le week-end.

— Reportés !

— Comment ça, reportés ?

— Oui, tous tes rendez-vous d'aujourd'hui et de demain sont reportés. Ton agenda est vierge à partir d'aujourd'hui jeudi, jusqu'à lundi prochain, à quatorze heures.

— Tu as reporté mes rendez-vous ? Mais tu es tombée sur la tête ?

— Non, c'est toi qui es tombé par terre, mon chéri. Regarde-toi, tu as les traits tirés, tu es pâle comme un mort, tu bosses trop. Depuis quand t'as pas pris de vacances ?

— J'en sais rien. Ça fait un moment que j'ai pas fait un *break*. Mais ça va, je t'assure.

— Eh bien, moi, je t'assure que ça ira encore mieux lundi ! J'ai réservé un chalet dans un coin perdu de la

Savoie. Pendant trois jours, on sera seuls au milieu des sapins.

Je ne peux m'empêcher de sourire.

— Une vraie cure de repos, quoi ?

— Oui, mais en attendant la cure de repos, tu peux m'aider à faire les valises !

Nous prenons la route peu après midi, lestés de nos bagages, d'un thermos de café et de quelques sandwichs. Nous avons plusieurs heures de route devant nous. Et au terme de ce périple s'annonce le repos. Mais aussi la fin des non-dits. Des vérités masquées.

29

Entre ciel et neige

Univers musical : *Message personnel*,
de Michel Berger et Françoise Hardy,
interprété par Françoise Hardy

Un igloo posé sur la banquise. C'est à peu près l'impression que me donne ce chalet, lorsque nous le découvrons, perché en haut d'un raidillon verglacé. Le toit et certaines façades du bâtiment sont tapissés de neige.

Lucie, qui a exigé de garder le volant durant tout le trajet, a quelques difficultés à conserver le cap. Les pneus patinent, et la voiture dérape dangereusement. Un ange doit veiller sur nous, car nous parvenons à arriver au pied du bâtiment sains et saufs. Lucie coupe le contact et soupire.

De mon côté, je me décontracte, j'ai broyé l'accoudoir durant les cent derniers mètres. Pour détendre l'ambiance, je lui dis :

— Je pense que tu viens de réussir ta qualification pour un rallye sur neige. Tu es prête pour le Trophée Andros.

— Au retour, c'est toi qui conduiras, on verra qui de nous deux est le meilleur pilote des neiges ! En attendant, la clef du chalet est dans la boîte aux lettres. Je vais la chercher, je te laisse t'occuper des sacs.

— OK, on se retrouve devant la porte d'entrée.

Lorsque nous pénétrons dans le chalet, nous sommes accueillis par une douce tiédeur, ainsi que par des senteurs parfumées. Sur la table basse se trouvent quelques bougies qui illuminent le salon d'une lumière douce et reposante. Délicate attention du propriétaire. Tout ici appelle au calme et à la sérénité. C'est une bulle de douceur qui nous protège du stress du monde ambiant. Un refuge au milieu des neiges immaculées.

— C'est superbe, ma chérie, tu ne pouvais pas choisir mieux.

— Merci, mais j'ai oublié une chose, c'est de nous acheter de quoi dîner.

— C'est pas grave, j'ai vraiment pas faim. Il reste un sandwich, on se le partage. Et demain, on ira faire des courses dans un village à côté.

Nous grignotons le sandwich devenu plus mou qu'une chique autour de la table basse, quand Lucie me demande :

— Au fait, c'était quoi le flash que tu as eu ? Cette vision avec un hélicoptère ?

— Pas un, mais deux hélicoptères. En voyance, j'étais dans un des deux appareils. Et le second est venu nous percuter. Les deux engins sont tombés au sol comme des pierres. Je crains qu'il n'y ait aucun survivant. Après la chute, je ne voyais plus que des flammes. Beaucoup de flammes. Un vrai brasier. Le bûcher funéraire des occupants.

— C'est grave. Il faut avertir les autorités ! Tu sais où c'est ?

— J'en ai aucune idée. Je vois un paysage désertique, des montagnes au loin, ça peut être n'importe où. Le seul indice est que les gens qui entourent les appareils après le crash ont une peau foncée. Alors que ceux que je vois dans l'hélicoptère sont des blancs. Tu vois, ça ne nous dit rien sur la localisation.

— L'Afrique, peut-être ?

— Oui, ou l'Amérique latine, comment savoir ?

— Concentre-toi, tu vas trouver !

— Dis donc, pour quelqu'un qui voulait me mettre au repos, et qui en plus ne croit pas en la voyance, je trouve que tu m'en demandes beaucoup !

— Quand on vit à tes côtés, c'est difficile de ne pas croire en la voyance.

— Pour tout te dire, j'ai essayé de me concentrer dans la voiture, mais je n'arrive pas à localiser l'endroit.

— Il y a une chose que je ne comprends pas. À quoi ça sert, des flashs de voyance, si tu ne peux rien en faire ? Si tu ne peux avertir personne d'un danger ?

— Ma chérie, il y a bien longtemps que j'ai renoncé à comprendre certaines choses. Tout ce que je sais, c'est que quand je suis trop fatigué, la voyance me déborde, je n'en suis plus maître. Et alors, les flashs me submergent.

— Donc tu l'avoues, tu es crevé ?

— Bien sûr. Sinon, j'aurais pas accepté ce week-end prolongé à la montagne. Je sais que tu as raison et que j'en ai besoin. Et puis, ça nous fait du bien de nous retrouver, en dehors du travail. Il faut qu'on apprenne à penser un peu à nous deux.

Elle me sourit et me tend la main par-dessus la table basse.

— Allez, viens, mon sorcier bien-aimé, on va visiter la chambre.

Seuls dans ce grand lit glacé, des étendues de neiges scintillantes au-delà des murs, Lucie et moi perdons nos repères. Parfois, il n'est nul besoin de la voyance pour se retrouver dans une autre dimension. Visiblement, ma compagne n'a pas sommeil. Et moi non plus.

— Tu te rends compte que je dois t'amener à des centaines de kilomètres de l'appart pour que tu acceptes enfin de te reposer ?

— Et toi, tu te rends compte que j'ai pas le choix ?

— Pourquoi ? Pour le bien-être de tes consultants ?

— Exactement ! Ils ont besoin de soutien. Je me dois de les éclairer et de les guider, si je peux.

— Et tu penses vraiment que tu peux les aider à rendre leur vie meilleure ?

— Bien sûr, sinon, je ne ferais pas ce métier.

— Le bon saint-bernard ! J'envie ta foi en l'humanité !

La moquerie est évidente. Mais la douleur transparait au travers des mots. Je décide de crever l'abcès. Il est plus que temps.

— Je sais pourquoi tu ne partages pas cette foi en l'être humain.

Lucie ne répond pas. Dans cette chambre silencieuse, le moindre mot a la résonnance d'un choc sur une coupe en cristal. Ici, moins qu'ailleurs, le mensonge n'est pas de mise. C'est l'heure de vérité. Lucie, malgré tout, essaie encore de maintenir des illusions. Elle réplique d'un ton faux :

— Je ne sais pas de quoi tu parles.

Je ne peux plus reculer. Le poids du passé a trop souvent interféré dans notre relation. Je dois soigner les maux par les mots.

— Ils étaient plusieurs, et tu étais très jeune.

Nouveau silence. Plus long que le précédent. J'entends un soupir, puis…

— J'avais quatorze ans. Et ils étaient trois.

— Tu n'as pas porté plainte ?

— Jamais. Et puis, à quoi bon ? Je ne connais même pas leurs noms ! Tout ça, c'est du passé, je ne veux pas en parler. Arrête de fouiller dans ma tête, s'il te plaît.

— Chérie, j'ai perçu tout ça dès que nous nous sommes rencontrés. Mais même sans être voyant, c'était facile de voir qu'il y avait une fêlure en toi. Tu te souviens du premier matin ensemble ? T'étais un vrai chat sauvage. Une écorchée vive.

— Je suis ce que je suis… Mais en toi aussi, il y a une blessure, Esteban.

— Oui, celle d'avoir passé toute une vie sans te rencontrer.

— Ça veut dire que le destin avait décidé qu'on devait vivre une autre existence avant. Mais arrête de parler du passé, il n'y a que le futur qui m'intéresse. Le passé, c'était hier, c'est mort. J'ai tout enterré de cette vie-là. Le futur, c'est la vie. C'est la seule chose qui m'intéresse.

— Le futur ? Mais qu'est-ce que tu veux savoir sur le futur ?

— Je ne parle pas au voyant, mais à l'homme. Qu'est-ce que tu veux faire de ta vie ? De notre vie à tous les deux ?

— Et toi, tu veux quoi ?

— Tu plaques tout, tu fermes le cabinet, et on s'en va au bout du monde. Parce que, si tu continues comme ça, tu vas te tuer à petit feu.

— Chérie, c'est adorable de te soucier de moi. Mais on vivrait de quoi sur une île paradisiaque ?

— Tu montes ta plateforme ! On rentre, tu fermes boutique, et tu ne travailles plus que par téléphone ou par Internet.

— Lucie, ça va me prendre des mois pour créer un site et le référencer sur Google… sans même parler de l'équipe de voyants à constituer. Je ne peux pas lancer tout ça du jour au lendemain.

— Alors, tu vas dépérir dans tes consultations sans fin, et moi je vais me flétrir comme une petite vieille…

— Pourquoi tu te compares à une petite vieille ?

— À vrai dire, je m'ennuie.

— Tu n'es plus bien avec moi ?

— Si, mais le boulot de secrétariat m'étouffe. Je suis comme une plante en pot. Comme un dauphin dans une piscine en plastique. Passer mes journées au téléphone et devant un ordinateur, ça me tue. Avant, j'avais une vie. Une vraie vie. Je voyais du monde, je sortais, c'était fun…

Je me tais. Je prends le temps d'analyser ce que me dit Lucie. Il ne me faut pas longtemps pour comprendre ce que je dois faire.

— Laisse-moi un an. Le temps de créer le site et de basculer toute mon activité sur Internet. Dans un an, on va où tu veux. Et d'ici là, reprends ton métier d'hôtesse si tu veux…

— Un an, tu me le promets ? Et après on change de vie ?

— Oui, un an. Ensuite, on change tout.

— OK, lundi, on rentre à Lyon. Mardi, tu cherches une nouvelle secrétaire. Mercredi, je me réinscris à l'agence d'hôtesses. Et dans un an, je t'invite à croquer la pomme dans le jardin d'Éden !

S'il existe quelque part, je le trouverai pour nous deux. C'est là-bas que nous avons un avenir.

30

Bas les masques

Un jeu. C'était un simple jeu ! Je lis et relis l'article du journal : « La collision entre les deux hélicoptères s'est produite à Villa Castelli (Argentine) lors du tournage d'un jeu d'aventure, destiné à être diffusé sur une grande chaîne française... » En illustration de l'article figure une photo sur laquelle on distingue les restes des deux appareils. Ils gisent sur une terre desséchée, et l'on peut voir en arrière-plan une chaîne de montagnes. Je ne peux douter. Cette image correspond en tous points à la vision que j'ai eue il y a quelques semaines. Parfois, je maudis le don. Lucie a raison, à quoi me sert-il de connaître par avance les événements si je suis impuissant à changer le cours du futur ?

Je referme le journal d'un geste rageur et le pose sur le comptoir du bar. Je me dis que je devrais envoyer un texto à Lucie. Je regarde l'heure, déjà dix-neuf heures. À cette heure-là, elle est déjà partie travailler, il est trop tard pour que je lui apprenne la nouvelle. Je me dis que nos vies prennent des chemins différents, je m'arrête de travailler, lorsque Lucie commence…

Je sens mon portable vibrer dans ma poche. Je le prends en main, et regarde l'écran « appel inconnu ». J'ai l'habitude, certains consultants poussent la discrétion jusqu'à masquer leur numéro de téléphone.

— Esteban, bonjour.

— Il paraît que tu es à Paris ?

Je reconnais cette voix au timbre si particulier. C'est celle de Gabriel.

— Dis donc, tu es un homme bien informé !

— Tu sais, Paris est un village. Et j'ai beaucoup d'amis.

Je souris. J'ai envie de lui demander s'il a des amis ou des informateurs. Je préfère changer de sujet.

— En quoi puis-je t'être utile ?

— J'ai une proposition de travail à te faire.

— Franchement, côté travail, je suis au maximum. Je ne peux pas prendre plus de consultants.

— Il ne s'agit pas de consultations, mais d'autre chose. C'est un projet qui devrait t'intéresser.

— Explique…

— Pas au téléphone, je préfère qu'on se voie pour en discuter. Tu es libre ce soir, à dîner ?

— Gabriel, tu ne vas pas me refaire le coup de la dernière fois ?

— Écoute, je ne sais pas ce que tu as compris – ou plutôt cru comprendre – la dernière fois qu'on s'est vus, mais mes intentions étaient sincères et honnêtes. Je ne cherche qu'à t'aider, rien de plus ! Donc ne t'inquiète pas, on parlera boulot et uniquement boulot. Tu veux passer chez moi vers vingt heures ? Je nous commanderai deux pizzas.

J'hésite un peu. Je ne crois pas un mot de ses justifications, mais il semble avoir compris qu'il avait perdu la partie. De plus, la perspective de me renfermer dans ma chambre d'hôtel toute la soirée ne m'enchante guère. Je choisis de lui faire confiance. J'accepte l'invitation.

— OK, je serai chez toi à vingt heures.

Lorsque j'arrive chez Gabriel, il se montre charmant et affable. Il me reçoit comme s'il m'avait rencontré la veille, alors que nous ne nous sommes pas revus depuis de longs mois. Il m'invite à entrer dans le salon et me pose la question qui, je le devine, lui brûle les lèvres :

— Qu'est-ce qui nous vaut le plaisir de ta visite à Paris ?

— J'avais des rendez-vous avec des consultants.

Il semble surpris.

— Tu chasses sur mes terres, maintenant ?

— Paris est assez grand pour nous deux, tu ne crois pas ? Et puis, il y a longtemps que j'ai une clientèle ici, la différence c'est qu'avant, je ne traitais ces consultations que par mail ou par téléphone.

— Et qu'est-ce qui t'a fait changer d'avis ?

— Ma nouvelle secrétaire, lui dis-je en riant.

Il me regarde, visiblement, il ne comprend pas. C'est normal, il a beau être voyant, il ne peut pas tout deviner. Je m'explique :

— Mon ancienne secrétaire est aussi ma compagne. Donc elle avait tendance à me surprotéger, en filtrant les demandes qui venaient de Paris. Elle ne m'avait jamais parlé de ces consultants qui refusent un rendez-vous téléphonique et qui veulent uniquement me rencontrer en tête-à-tête pour plus de discrétion. Tu dois connaître ce genre de demandes, je suppose ?

— Oui, parfaitement. Je vois très bien de qui tu parles, les politiques, les peoples ou les chefs d'entreprise qui craignent toujours qu'une conversation téléphonique soit écoutée ou, encore pire, enregistrée…

— Exactement, ça a été ma clientèle de la journée. Je la dois à ma nouvelle secrétaire qui, contrairement à la précédente, ne craint pas que je m'épuise dans des consultations et des déplacements. Donc elle m'a transmis ces demandes que j'ignorais jusqu'à maintenant.

— Et ton ex-secrétaire est ta copine ? Dégage-la ! Elle te fait plus de tort que de bien !

— Tu ne comprends pas, c'est un geste d'amour. Je te rassure, elle est très ambitieuse pour moi, mais elle me protège du surmenage.

— Drôle de façon de protéger son mec ! Tu imagines le manque à gagner ?

— Écoute, je fais ce métier par passion, et je suis avec ma femme par amour, l'argent n'a rien avoir là-dedans ! Je suis comme tout le monde, j'ai besoin de gagner ma vie, mais je ne fais pas de l'argent la finalité de mon métier !

— Ne sois pas trivial, il ne s'agit pas de ça. Mais de réussite.

— Qu'est-ce que la réussite pour toi, l'argent ou le bonheur ?

— Les deux sont conciliables. Moi, je veux l'argent et le bonheur ! Je te l'ai fait comprendre, si tu le voulais, Esteban, on pourrait faire de grandes choses ensemble. Tu le sais, je connais beaucoup de monde à Paris, je pourrais te présenter à des journalistes et à des animateurs influents !

— Non, merci !

— Mais pourquoi ?

— J'aime la discrétion. J'ai aucune envie d'aller faire le *showman* sur des plateaux de télévision. Je l'ai fait un peu par nécessité au début, mais tu le devines, c'est pas mon truc. Être seul avec mon consultant, partager un moment d'intimité, sans caméra ni micro, c'est mon réel plaisir.

— Admettons, mais franchement, cette fille, ta nana, elle n'est pas la personne qu'il te faut. Elle ne t'apporte rien, elle te fait juste perdre des clients. Et puis, je vais te dire, ce n'est pas en protégeant les gens qu'on leur permet de faire une carrière. Moi, je me suis exposé, voire surexposé ! Des tombereaux de boue, j'en ai pris plein la gueule ! Et plus souvent qu'à mon tour. C'est tellement facile de critiquer un voyant et de le faire passer pour un illuminé que personne ne s'en est privé. En tout cas, pas les journalistes. J'ai l'habitude de cette merde, mais je ne me suis jamais laissé démonter, j'ai poursuivi ma carrière contre vents et marées !

Sa respiration s'accélère, je sens qu'il s'énerve. Il reprend :

— Tu veux que je te dise ? Tu es très mal entouré. Oublie ta copine, elle n'y comprend rien. C'est un homme comme moi qu'il te faut. Je sais ce que tu vaux, et je sais jusqu'où tu peux aller. Je peux te conduire jusque-là, si tu veux. Si tu en as la volonté, et surtout, si tu en as le courage !

Il se lève d'un bond du canapé et renverse sa coupe qui se fracasse sur le sol. Il se tourne vers moi et me foudroie du regard.

— Et puis, j'en ai assez d'essayer de te convaincre que tu peux réussir ta vie. J'ai bien vu la façon dont tu me regardais l'autre soir au restaurant. Tu sais ce que j'ai lu dans ton regard ? Du mépris. Du mépris, alors que je te tendais la main !

Je suis tétanisé devant la violence de l'attaque. Sur l'instant, je ne sais pas quoi répondre. Je lève les mains, en signe d'apaisement.

— Arrête, assieds-toi, on a deux visions différentes du métier, on va pas s'engueuler pour ça.

— Toi qui commences à peine, tu as une vision du métier supérieure à la mienne ? Quelle prétention !

— J'ai jamais dit ça. Je dis seulement qu'on est différents. En quoi c'est grave, puisqu'on construit sa vie comme bon nous semble ? Je t'en prie, calme-toi, j'ai jamais voulu te vexer.

Je tapote l'assise du canapé.

— Allez, viens t'asseoir, on ne va pas s'engueuler toute la soirée… surtout pour rien !

Il attrape rageusement une coupe sur une desserte, se sert une généreuse rasade de champagne et s'assied auprès de moi. Il reste muet durant près d'une minute, mais cela ne m'alarme pas, car je ressens qu'il se calme. Il bougonne finalement :

— Ta copine, c'est vraiment n'importe quoi…

Il marque une pause et ajoute :

— Comment trouves-tu cet appartement ?

Je suis surpris par sa question qui n'a rien à voir avec notre conversation.

— Sympa. Pourquoi ?

— Juste sympa ?

— Que veux-tu que je te dise ? Tu as un superbe appartement.

— Tu te verrais vivre ici ?

Un sentiment de malaise m'envahit. Il est impossible qu'l n'ait pas compris ! Je préfère prendre la proposition sur le ton de l'humour.

— Impossible, mon cabinet est à Lyon, et ma femme aussi, dis-je en souriant.

— Tu ne comprends pas. Ta carrière peut prendre un nouveau tournant, j'en ai les moyens. Je ne t'ai pas appelé pour le plaisir de déguster une pizza avec toi ! J'ai besoin d'un directeur général de ma plateforme. Ce poste est pour toi. Je te fais confiance, tu saurais gérer les voyants, comme les consultants. Mais c'est un poste très proche de moi. Lyon, oublie, ça n'a aucun intérêt, c'est une ville de province. Tu t'installes ici, et on bosse ensemble. Je te connais, ne dis pas « Non », sans réfléchir. Je peux te présenter aux médias, je peux faire ta carrière, et je vais te dire…

Il marque un temps d'arrêt.

— … l'homme qui vivrait avec moi aurait une vie très confortable et, en plus, pense à ton avenir… Je suis plus âgé que toi et je n'ai pas d'héritier.

J'essaie de rester calme. Je ne veux pas entrer en guerre avec cet homme, même s'il ne veut pas comprendre ce que je lui dis depuis des mois. Je choisis d'être direct.

— Je n'ai aucune attirance pour les hommes. Pas plus pour toi que pour les autres, donc je ne serai jamais en couple avec un homme.

— Qu'est-ce que tu en sais ? Tu ne t'es peut-être jamais révélé ? Je vais te dire ce que j'ai ressenti dès le départ, tu es comme moi… tu te mens à toi-même. Tu refuses ta vraie nature. Conditionné par une éducation trop rigide, sans doute…

Il pose une main sur mon épaule, ce qui augmente encore mon mal-être. D'un mouvement brusque, je me dégage de sa caresse.

— N'insiste pas, je sais ce que je suis et je sais ce que je veux ! Je n'ai pas envie de te blesser, mais en toute honnêteté, c'est non. Et puis, franchement, tu confonds deux choses : le désir sexuel et l'amour.

Il se relève, se plante face à moi et me fixe dans les yeux :

— C'est vrai que je te désire, où est le problème ? Ne me défie pas, Esteban, laisse-toi aller, tu verras bien ensuite !

— Te dire non, c'est te défier ?

— Ne joue pas au plus malin, tu seras perdant à ce petit jeu.

— Qu'est-ce que tu veux exactement ?

— Toi.

— Eh ben, c'est impossible, dis-je en me levant du canapé.

— Ne pars pas ou tu te perds. Je t'avertis, j'ai une aura professionnelle que tu ne possèdes pas encore. Je suis beaucoup plus puissant que toi. Les gens croiront toujours ce que je dis. Si tu refuses, je te détruirai. Sur Internet et ailleurs.

Je sais qu'il ne plaisante pas. Mais la liberté a un prix. Et le premier d'entre eux est de respecter ce que l'on est. La rupture avec cet homme est consommée.

— Grand bien te fasse !

Je claque la porte de l'appartement. Il n'y aura pas de retour en arrière. C'est la fin des illusions. La fin d'un mythe. Il n'y a pas de grand voyant. Il n'y a qu'un grand manipulateur.

31

Fureur et renoncement

Univers musical :
Outro, d'Anthony Gonzalez/M 83

Sa dernière demande m'a surpris. Elle était encore plus étonnante que l'objet de cette consultation : authentifier un tableau de Léonard de Vinci. J'ai déçu la consultante, car je « vois » plusieurs peintres travailler sur ce tableau, ce ne peut donc être une toile du maître. Mais peut-être est-ce une œuvre produite par ses élèves dans son atelier florentin ? Dans ce cas-là, ce tableau serait déjà une jolie trouvaille…

La consultante me quitte avec ce dernier espoir et l'assurance que j'accèderai à une ultime sollicitation. Là encore, sa demande est hors-norme. Mais j'accepte sans hésiter. Avant de partir, elle dépose sur mon bureau un petit papier sur lequel est inscrite une adresse. Je range le document et m'étire sur ma chaise. Fin des consultations, je me sens vidé de mes forces. J'entends du bruit dans l'appartement, Lucie n'est pas encore partie travailler, j'ai le temps de l'embrasser avant qu'elle ne s'envole vers une nouvelle soirée V.I.P. Cela fait plusieurs mois qu'elle a repris son métier d'hôtesse, et je m'inquiète un peu pour elle. Lucie enchaîne les contrats sans prendre le temps de réellement se reposer. À mon tour, il va falloir que je lui programme un week-end à la montagne !

Lorsque je sors de mon bureau, je tombe nez à nez avec ma compagne. Elle a sa tête des mauvais jours.

— Oups ! Toi, ça va pas. Qu'est-ce qu'il t'arrive ?

— Je crois que je vais devenir folle, ça fait dix minutes que je cherche mon trousseau de clefs. Je t'en supplie, aide-moi, je suis déjà super en retard !

— Tu as regardé où ?

— Partout ! J'ai fouillé toutes les pièces, une à une, sauf ton bureau. Mais ça ne peut pas être là, je n'y ai pas mis les pieds de la journée.

— Tu as regardé dans les poches de ton manteau ?

— Oui.

— Tu as fouillé dans ton sac à main ?

— Oui, oui et oui ! Je te dis que j'ai regardé partout.

— Et pourtant, elles sont bien quelque part. Dans un endroit auquel tu n'as pas pensé… ou que tu as mal fouillé. On reprend chaque pièce séparément. Cherche dans la chambre, je m'occupe du salon.

Lorsque j'entre dans la pièce, un sentiment de certitude m'envahit. Le trousseau de clefs est là, à quelques mètres de moi. Je promène mon regard sur les meubles, tout en laissant parler mon intuition. Mes yeux s'arrêtent sur le sac à main de Lucie, posé sur la table basse. Je souris. Je suis sûr de moi. Les clefs sont à l'intérieur. Je me tourne en direction de la chambre, et je crie :

— Je peux regarder dans ton sac à main ?

— Je te dis que j'ai déjà regardé ! Fais ce que tu veux, mais je t'en supplie, retrouve-moi ces clefs, je dois partir !

J'ouvre le sac et y découvre un fatras d'objets les plus divers. Brosse à cheveux, trousse de maquillage, portefeuille, mouchoirs en papier, téléphone portable, bloc-notes et stylo, petite bouteille d'eau... Il est impossible de fouiller là-dedans. Pas le choix. Je renverse le sac et vide son contenu sur la table. La pluie d'objets s'achève par un tintement métallique. Le trousseau de clefs que Lucie cherche désespérément vient de chuter sur la table basse. À côté de deux petites pilules bleues.

— J'ai trouvé tes clefs !

Lucie entre en trombe dans le salon. Elle s'arrête net lorsqu'elle voit ce que je tiens entre mes doigts. Je lui demande calmement :

— C'est de l'ecstasy, c'est ça ?

Lucie met quelques secondes à répondre. Visiblement, elle cherche une échappatoire.

— Ne commence pas avec ça ! Ce sont des vieilleries qui traînent au fond de mon sac.

— « Des vieilleries » ? Elles m'ont l'air bien neuves, ces pilules, pour traîner dans ton sac depuis des mois ! Tu t'es remise à prendre cette merde ?

— Fous-moi la paix, je fais ce que je veux !

— Non, Lucie, on est ensemble maintenant. Et l'ecstasy n'a pas sa place dans notre couple. Tu te fous en l'air avec ça !

Elle m'arrache la pilule des mains.

— Depuis que je suis partie de chez moi, à seize ans, plus personne ne m'a donné d'ordres. Et c'est pas toi qui vas commencer !

— Calme-toi et assieds-toi, il faut qu'on discute tous les deux.

— J'ai pas le temps, je t'ai dit, je suis en retard !

— Tu crois que la soirée va être annulée, s'il manque une hôtesse ? Allez, assieds-toi à côté de moi, c'est de notre couple qu'il s'agit, et c'est notre priorité.

— C'est pas la peine, je sais déjà ce que tu vas me demander. Et par avance, je te réponds non !

— Et qu'est-ce que je vais te demander, d'après toi ?

— D'arrêter mon métier d'hôtesse.

— Si le prix à payer pour que tu puisses continuer cette activité est que tu prennes de la drogue, alors, oui, je te le demande. Arrête.

— Hors de question !

— Pourquoi ?

— Tu ne comprends pas. Je ne le fais même pas pour l'argent. La vérité, c'est que j'aime sortir, voir du monde, m'amuser. Toi, tu vis enfermé dans ton bureau toute la journée. Tu vis à l'ombre en plein jour, alors que moi, je vis la nuit dans la lumière. On n'est pas sur le même tempo !

— Et tu proposes quoi ?

— Rien, de toute façon, c'est sans solution. Même partir ensemble dans un autre pays, comme je l'avais imaginé, n'arrangera rien. Je te connais, tu t'enfermeras dans ton bureau pour traiter les appels de tes consultants, et je vais m'ennuyer à mourir. Là, au moins, je sors, et je vis ! Je t'aime Esteban, mais on n'est pas conciliables.

— Ça veut dire quoi ?

— Ça veut dire ça !

Elle attrape la petite bouteille d'eau sur la table, pose la pilule sur sa langue, et l'avale en une gorgée.

— Tu es dingue. Tu te détruis.

— Peut-être, je m'en fous. Demain, je pars. Je te quitte. Comme ça, si je dois crever, je crèverai seule. Comme j'ai toujours vécu ! Et d'ici là, advienne que pourra !

Lucie sort du salon, telle une furie. Dans ma main, je tiens la seconde pilule. Je la jette au sol et l'écrase sous mon talon. Il n'en reste que poussière. À l'image de mon histoire d'amour.

32

Petit démon

— Qui êtes-vous ?

— Un ami de ta mère.

— Vous êtes psy ?

— Non, absolument pas.

— Ouais, vous ne leur ressemblez pas. Vous allez faire quoi, alors, m'hypnotiser ?

Je m'assieds sur le lit. Cette chambre d'hôpital est déprimante à souhait. C'est la chambre d'enfant la plus triste qu'il m'ait été donné de voir. Car c'est bien un enfant qui est allongé sur ce lit. Un enfant en détresse.

— Non, je ne vais pas t'hypnotiser. Ta mère m'a dit que tu entends des voix ?

— Pas envie d'en parler.

Je tente de le rassurer, je comprends ce qu'il ressent, je l'ai vécu il y a tant d'années…

— Moi aussi, j'entends des voix.

Il me regarde, intrigué.

— Vous êtes malade, comme moi ?

Je lui souris.

— Que je sache, non, je ne suis pas malade. Tu veux bien me raconter comment ça se passe ? Ces voix, elles te parlent quand ?

— Elles me parlent tout le temps. Et vous ?

— Moi, elles me parlent quand je le leur demande. Elles se taisent quand je n'ai pas besoin d'elles. Enfin, en général…

— Vous arrivez à les contrôler ? On peut arriver à faire ça ?

— Bien sûr qu'on peut. Tu as quel âge ?

— Treize ans.

— J'étais à peine plus âgé que toi quand j'ai appris à maîtriser le don.

— J'ai pas de don, j'ai des hallucinations, je suis schizo, ce sont les psys qui me l'ont dit !

— On va vérifier ça. Tu veux bien me donner la main ?

Je le sens réticent. La peur du contact physique, elle aussi, je l'ai bien connue, dans mes jeunes années.

— Ne crains rien, il n'y a pas de piège, et tu n'auras aucun flash, je sais fermer mon esprit.

Il me tend une main hésitante, comme s'il craignait de se brûler au contact de la mienne. Je la saisis doucement, je ferme les yeux et me laisse envahir par l'énergie de ce petit corps. Oui, le don est bien là, sauvage, puissant, incontrôlé. Je relâche sa main et lui souris.

— Je crains fort que nous soyons atteints de la même maladie.

— Ah, vous voyez que vous êtes malade, vous aussi !

— Non, je plaisantais. Je suis voyant et médium. Et tu l'es toi aussi.

— Voyant ? Ça veut dire que vous voyez le futur ?

— Oui, ça ne t'est jamais arrivé ?

Je vois son visage se fermer.

— Non !

Je sais qu'il ment, je devine qu'il a peur.

— Ne crains rien, je ne dirai rien aux psys.

— Vous êtes un ami de ma mère. Et c'est elle qui m'a fait enfermer ici, chez les fous ! Elle ne vaut pas mieux que les psys.

— Détrompe-toi, ta mère est inquiète pour toi. Elle se demande si elle n'a pas fait une bêtise en t'amenant ici, c'est pour ça qu'elle m'a contacté.

— Vous l'avez connue comment ?

— Nous avons longuement parlé d'un tableau…

— Ah, oui, je vois, le truc qui est soi-disant de Vinci, c'est ça ? Elle est encore plus dingue que moi.

— Tu sais, une très gentille dame m'a dit un jour « Nous sommes tous le fou d'un autre ».

— Ça veut dire qu'on est tous dingues ?

Je ris.

— À des degrés divers, sans doute… donc tu vois le futur ?

— Oui, mais s'il vous plaît, ne dites rien à ma mère, j'ai pas envie de finir ma vie ici !

— Ne crains rien, je suis là pour t'aider, pas pour t'enfoncer.

— M'aider ? Et comment vous pourriez m'aider ?

— En t'apprenant à maîtriser le don. Ça ne supprimera pas tes voyances, mais ça te permettra de les canaliser.

— Et comment vous allez faire ça ? Vous allez m'apprendre à tirer les cartes ?

— Entre autres, oui. Ça te permettra de te concentrer et de focaliser tes flashs sur une seule question. Le secret est là. Il faut utiliser le don, sinon, il te déborde et tu es harcelé de « flashs sauvages ». C'est ce qui t'est arrivé et ce qui t'a autant perturbé.

— Vous ne pensez pas je suis fou ?

— Tu ne me sembles pas pire qu'un autre.

— Et je viendrai chez vous prendre des cours ? Ma mère n'a pas beaucoup d'argent…

— Tu sais, un homme m'a tout donné et tout appris quand j'étais dans le même état que toi. Perdu, plein de doutes sur moi-même. Je pensais même être possédé, c'est te dire… Cet homme m'a sauvé, d'une certaine manière, et il n'a jamais rien exigé en contrepartie. Je ne demanderai rien à ta mère. À mon tour, je dois transmettre ce que je sais. C'est un juste retour des choses, je donne ce qui m'a été donné, et ça ne se monnaie pas. Mais non, tu ne viendras pas chez moi, je quitte Lyon. On travaillera par téléphone toutes les semaines si tu veux.

— Vous allez où ?

— Chez moi, dans le sud, à Nîmes.

— Trop de bol !

Je vois qu'il plisse des yeux, tout en me fixant.

— Elle vous a quitté, c'est ça ?

Je rigole franchement.

— Petit démon ! Oui, elle m'a quitté, et plus rien ne me retient ici. Bon, avant que tu ne lises toutes mes pensées, je vais parler à ta mère, elle m'attend dans le couloir.

— Vous allez lui dire quoi ?

— À part que tu es un démon ? Que ta place est plus dans un cabinet de voyance que dans un hôpital.

— Et si elle n'est pas d'accord ?

— Concentre-toi, tu le sais, elle sera d'accord. Je vais devoir te supporter toutes les semaines au téléphone, lui dis-je en clignant de l'œil. Ta mère n'est peut-être pas en possession d'une toile de maître, mais elle a à ses côtés un diamant brut de la voyance, et ça, elle l'ignorait.

En sortant de cette chambre, je me demande combien de mes semblables sont enfermés dans des hôpitaux. Un moindre mal. Auparavant, nous étions brûlés sur des bûchers, en place publique… Autres temps, autres mœurs.

33

Duel

Univers musical : *Who wants to live forever,* de Michael Kamen et Queen, interprété par Brian May et Freddie Mercury/Queen

Je n'ai aucun mal à convaincre la maman du jeune garçon que son fils est sain d'esprit. Dès que j'ai rencontré cette femme dans mon cabinet, j'ai ressenti en elle des ondes de remords. Presque de tristesse. Elle pressentait déjà qu'elle avait commis une erreur en faisant hospitaliser son fils. Ma confirmation résonne en elle comme une évidence. Mais le plus difficile reste à faire. Convaincre le médecin que son diagnostic est erroné. Et je ne veux pas la laisser seule face à cette difficulté.

Lorsque nous pénétrons ensemble dans le cabinet du thérapeute, ce dernier me regarde, surpris. Sans doute pense-t-il que je suis un ami de la famille et qu'il trouve ma présence incongrue. Que les amis effectuent des visites auprès des patients, cela est naturel, mais qu'ils assistent à un entretien entre la famille et un médecin, cela lui déplait souverainement. Néanmoins, il me salue poliment et nous invite à nous asseoir face à son bureau. La maman n'explique pas la raison de ma présence, elle se contente de demander :

— Comment va mon fils ? Il a l'air d'aller beaucoup mieux, je le trouve moins agité.

Le médecin prend un air contrit.

— Il simule, Madame. Il feint d'être guéri. Mais, hélas, je peux vous affirmer que malgré les soins que nous lui prodiguons, votre fils a fait peu de progrès. Je suis sincèrement désolé, mais pas plus tard que ce matin, une infirmière l'a surpris en train de parler seul dans sa chambre. Il s'entretient avec des amis imaginaires. Par moments, il perd pied avec la réalité…

— Il n'y a aucune chance pour qu'il aille mieux avec vos traitements, car cet enfant n'est pas schizophrène.

Le médecin me regarde, interloqué. Il n'a visiblement pas l'habitude qu'on le contredise dans ses diagnostics.

— Monsieur, puis-je vous demander qui vous êtes ? Vous êtes médecin ?

Le moment est critique, car je devine, par avance, sa réaction à ma réponse. Je réponds néanmoins posément.

— Non, je ne suis pas médecin, je suis médium.

De surprise, il lève les sourcils d'une manière presque comique.

— Médium… ?

— Oui, médium, voyant, appelez-moi comme vous voulez.

— Et c'est à ce titre que vous vous permettez de contredire un diagnostic médical ? Vous savez que cela relève de l'exercice illégal de la médecine et que c'est pénalement condamnable ?

— Je le sais pertinemment et je ne délivre jamais aucun diagnostic médical à mes consultants. En matière de santé, je m'en remets toujours aux médecins. Mais, en l'occurrence, vous vous trompez. Ce garçon n'est pas schizophrène, je vous l'ai dit.

— Et de quoi souffre-t-il, alors, selon vous ?

— Cet enfant n'a aucun problème d'ordre psychologique. Il est seulement médium, comme moi. Il perçoit une autre dimension que celle qui est perceptible par nos cinq sens.

Le médecin ne prend même pas la peine de me répondre. Il se tourne vers sa cliente et déclare d'un ton sec :

— Madame, je crois que nous allons mettre un terme à cet entretien. Je serai ravi de vous recevoir à nouveau pour évoquer l'état de santé de votre fils. Mais sans vous faire accompagner d'un gourou, cette fois-là, je vous en prie !

Je ne bouge pas de ma chaise. Qu'il le veuille ou non, cet homme n'en a pas terminé avec moi. Je lui demande :

— En quoi le fait que la science ne puisse démontrer quelque chose prouve-t-il que cela n'existe pas ? Et d'ailleurs, la science n'a-t-elle pas toujours progressé en démontrant un jour ce que l'on pensait impossible la veille ?

— Écoutez, ce genre de débat me passionnait quand j'étais étudiant, mais je n'ai plus de temps à perdre avec ce type de conversation oiseuse et stérile !

— Dans un siècle, peut-être, les phénomènes paranormaux seront expliqués par la science. Ce n'est qu'une question de temps. Actuellement, à travers le monde, de nombreux scientifiques se passionnent pour ce qui est appelé le « paranormal ». C'est le cas aux États-Unis, notamment.

— Oui, je sais que des collègues ont suffisamment de temps à perdre pour étudier ce type de phénomènes. Ce n'est pas mon cas, j'ai un service à faire tourner et des patients qui comptent sur moi !

— Vous êtes croyant, docteur ?

Il me foudroie du regard.

— Monsieur, je pense que cette plaisanterie n'a déjà que trop duré. Je vous prie de quitter immédiatement ce bureau !

— Je le ferai avec plaisir si vous répondez à ma question.

Le médecin se prend la tête entre les mains, d'un air exaspéré. Je me concentre sur lui et je lis dans son esprit le mot « sécurité ».

— N'y pensez même pas. Ça fait désordre dans un établissement tel que le vôtre de faire expulser des clients par le service de sécurité.

Il me regarde, étonné, et soupire.

— Mais qu'est-ce que vous recherchez exactement ?

— Juste que vous répondiez à ma question. Êtes-vous croyant ?

— Oui, je le suis. Et pratiquant en plus ! En quoi ça vous regarde ?

— Absolument en rien. Je relève simplement que, comme moi, vous avez des croyances. Elles sont différentes des miennes, je vous l'accorde. Vous croyez en Dieu, ce que je respecte profondément, mais vous n'avez pas de preuves scientifiques de son existence. Pour ma part, je crois en l'au-delà, et j'ai des preuves de sa réalité. D'ailleurs, nos croyances ne sont absolument pas incompatibles, beaucoup de voyants croient en Dieu.

— Vous avez des preuves de l'au-delà ? Vous vous moquez vraiment de moi, jeune homme !

— Des preuves indirectes, je vous l'accorde. Mais comment expliquez-vous la justesse de mes prédictions, répétées à plusieurs centaines de reprises ? Comment expliquez-vous que je puisse lire en quelqu'un ses émotions, comme ses sentiments, sans jamais me tromper ? Comment expliquez-vous que j'ai des flashs sur le passé, et que je suis capable de décrire des lieux et des gens que je n'ai jamais connus, et qui, pourtant, ont réellement existé ? Vous qui êtes un adepte de la science, vous savez qu'aucune loi des probabilités ne peut expliquer ça.

— Foutaises ! J'ai autre chose à faire que d'écouter vos élucubrations, grogne-t-il, en relevant sa manche pour regarder l'heure à sa montre. Il la rabaisse aussitôt, agacé, car nulle montre n'orne son poignet.

— Depuis quand avez-vous perdu votre montre ?

— Je vous le demande une dernière fois avec toute la bienveillance dont je suis encore capable. Je vous ordonne de quitter ce bureau maintenant, si vous ne voulez pas que j'appelle la sécurité.

Je ne l'écoute pas. Si j'ai un peu de chance, sa montre est ici. Je parcours le bureau du regard, tous les sens en éveil. Ma recherche ne donne rien. Je ferme alors les yeux et me concentre. Un flash s'impose. Je suis dans la même pièce, mais tard le soir. Il fait déjà nuit, et toutes les lumières électriques sont allumées. Le médecin semble fatigué. Plusieurs dossiers ouverts sont posés sur son bureau. Il se masse les tempes, puis enlève sa montre qu'il pose négligemment sur un tas de feuilles. Nouveau flash. Quelques heures ont dû passer. L'homme referme ses dossiers et les fourre dans un tiroir de son bureau. La montre est restée coincée dans l'un d'entre eux, entre deux piles de rapports. J'ouvre les yeux. Comme chaque fois que je suis en voyance, je suis très calme. Je lui dis posément :

— Tiroir du bas de votre bureau. La chemise cartonnée de couleur verte. La montre est là, tout près de vous.

— Tout ça n'a aucun sens, fichez le camp, je suis lassé de vos délires.

— Vous le savez comme moi, toute théorie n'a de valeur que par l'expérimentation. Ma théorie est que je suis médium. Ce que je vous propose là est l'expérimentation qui valide ou invalide cette affirmation.

— Vous tenez tant que ça au ridicule ?

— Je le serai effectivement si je me suis trompé. Dans ce cas, je partirai aussitôt, et vous n'entendrez plus jamais parler de moi. Vous pourrez garder ce pauvre gosse enfermé dans sa chambre autant de temps que vous le souhaitez. Mais, en revanche, si j'ai raison, c'est que la médiumnité existe.

L'homme recule au fond de son fauteuil, soupire bruyamment et me regarde fixement.

— Vous savez que vous êtes un véritable cas clinique ? finit-il par lâcher d'un ton méprisant.

— Affirmation sans preuve. Regardez là où je vous dis et prouvez-moi que je déraisonne.

— Si c'est le seul moyen de vous faire partir...

Il ouvre le tiroir et en extirpe un dossier vert.

— Je dois reconnaître que le hasard fait bien les choses. J'ai effectivement un dossier de la couleur que vous m'avez indiquée. Mais ça ne prouve rien.

— Regardez à l'intérieur. Votre montre s'y trouve.

Il s'exécute en silence. Il sort les dossiers un par un, d'un air las. Il se fige soudainement. La montre vient d'apparaître, posée sur la couverture d'un rapport. Il me regarde, visiblement décontenancé.

— Mais comment vous... ?

Je lui coupe la parole.

— Sans doute la loi des probabilités, lui dis-je en souriant. J'avais une chance sur mille de tomber juste, et j'ai eu cette chance ! L'autre solution est que je suis réellement médium. Cet enfant en bas, je l'ai reconnu comme l'un des miens. Sain de corps et d'esprit, mais doté d'un sixième sens identique à celui que je possède. Vous auriez pu lui demander directement où était votre montre, il vous l'aurait indiqué tout comme moi. Vous auriez gagné du temps. Je m'en vais, docteur. J'exauce votre souhait, je vous laisse en tête à tête avec la maman de cet enfant.

La pauvre femme muette depuis le début de mon échange avec le médecin balbutie quelques remerciements.

— Merci, Esteban... du fond du cœur... merci. Je sais qu'il est normal... enfin, il est sans doute comme vous, mais normal.

— Prenez soin de votre fils, Madame. Il est médium, mais pour l'instant, c'est un enfant, il a encore besoin de sa mère. Et rien n'est plus important qu'une maman.

Je me lève, fais quelques pas vers la porte et ajoute :

— Et, oui, les médiums existent. Nous sommes parmi vous sur cette Terre, docteur, ne vous en déplaise… Je vous souhaite une très belle journée.

Je sors d'un pas tranquille. J'ai accompli ma mission, je sais que j'ai réussi à ébranler les certitudes du médecin et qu'il révisera son jugement sur son jeune patient. Je peux désormais retourner à ma vie. Regagner ma terre natale, me reconstruire une vie et renouer avec les miens. Optimisme d'un instant. Car le temps est un rasoir effilé qui nous coupe des autres. Je vais le découvrir sous peu.

34

Adieu l'ami

— Nous ne nous verrons plus.

— Pourquoi dis-tu ça, Michel ?

— Nous ne nous verrons plus, car je suis parti.

Une soudaine inquiétude m'envahit.

— Parti ? Qu'est-ce que tu veux dire par « parti » ?

— Je ne suis pas encore parti là-haut, si c'est ça que tu crains. Non, j'ai simplement quitté la région. Je suis retourné chez moi, sur mes terres d'origine, comme tu viens de le faire toi-même. Tu es à Nîmes, et j'ai quitté la ville. Nos routes se sont croisées.

— Mais où es-tu ? Je veux te voir !

— Je n'ai plus rien à t'apporter, pitchoune. Je t'ai tout appris, en tout cas, le peu que je sais.

— C'est faux ! Tu as une expérience de la vie que je ne possède pas encore. Michel, j'ai besoin de toi, de tes conseils, de ta vision de la vie.

— Esteban, il a désormais besoin de moi, bien plus que toi.

— De qui tu parles ?

— De mon fils. J'ai senti qu'il était en difficulté. Il est temps que je tente de me rapprocher de lui, quels que soient les problèmes qui nous ont séparés par le passé. Toi aussi, tu seras père, un jour. Alors, tu comprendras…

— On ne se verra plus jamais ? S'il te plaît, au moins une dernière fois, pour se dire adieu.

— C'est pour ça que je suis là cette nuit. Pour te dire adieu. Tu as pris ma place auprès d'un autre petit garçon en souffrance. Car le don le fait souffrir, comme il a pu te faire souffrir toi-même quand tu étais enfant. Il est égaré, guide-le sur le chemin de la médiumnité. Ton tour est venu de transmettre ce que tu sais.

— Michel, s'il te plaît !

— C'est trop tard, pitchoune. Je te l'ai dit, désormais, le guide, c'est toi ! Moi, un autre chemin m'attend.

Je me réveille en sursaut et hagard. Je regarde autour de moi. Les murs couleur pastel, les valises posées au pied du lit… Je me reconnecte à la réalité. Je suis dans mon nouveau domicile nîmois, intégré depuis seulement vingt-quatre heures. Qu'était-ce que ce songe ? Une sortie du corps ? Ai-je retrouvé Michel sur un autre plan ? Ou est-ce seulement un mauvais rêve ?

Je me lève d'un bond. Je ne peux plus dormir. Je me prépare un café au milieu de la nuit. Et je réfléchis… Michel est médium, je le sais. Mais son don a-t-il une puissance telle qu'il peut entrer en contact avec moi à la faveur du sommeil ? Il ne m'a jamais montré rien de tel.

Mais Michel est tellement discret qu'il m'est impossible de connaître ses capacités réelles. Je décide de passer à L'Œil d'Horus dès le lendemain, ainsi, j'en aurai le cœur net. Je saurai si ce songe est un contact entre nos deux âmes ou un simple rêve. Je ne peux rester dans l'incertitude. Ne plus jamais revoir Michel ? Pour moi, c'est un crève-cœur. Michel est bien plus qu'un ami. Le perdre à jamais serait comme perdre un second père.

À huit heures du matin, j'ai déjà ingurgité un nombre considérable de cafés, je suis douché et habillé. Je ronge mon frein en attendant neuf heures, moment où Michel ouvre sa boutique. Je tourne en rond, en essayant de me convaincre que je n'ai fait qu'un mauvais rêve. Un rêve de gosse.

Dès huit heures trente, je suis dans ma voiture. Et à neuf heures, je suis devant la boutique. Sur l'enseigne, L'Œil d'Horus a disparu. À sa place est indiqué « Barbier-coiffeur ». Je me décompose. J'entre dans la boutique, une jeune femme guère plus âgée que moi m'accueille. Devant son air emprunté, je devine une apprentie. Je lui explique que je ne suis pas là pour me faire tailler la barbe ou les cheveux, mais que je souhaite rencontrer son patron.

Il faut moins d'une minute pour qu'un homme très corpulent sorte de la réserve. Il me regarde d'un air suspicieux. Visiblement, il suspecte en moi l'agent des impôts dépêché de manière inattendue. Des ondes de défiance circulent entre nous. Conscient du quiproquo, je le rassure immédiatement en lui expliquant que je suis un ami de Michel et que je suis à sa recherche. Il s'étonne :

— Vous êtes un ami de Michel et vous ne savez pas où il se trouve ? Vous n'avez même pas son numéro de portable ?

Comment expliquer à cet homme le lien si particulier qui m'unit à Michel ? Que je n'étais qu'un enfant lorsque je l'ai connu, que je ne le rencontrais que dans cette boutique, et que les rares fois où je lui ai téléphoné, c'était sur la ligne fixe de L'Œil d'Horus. Il ne me croirait pas. Je préfère inventer une histoire de portable perdu, et que je suis donc dans l'impossibilité de retrouver son numéro de téléphone. Le propriétaire me regarde d'un air méfiant. Il ne semble toujours pas convaincu.

— Vous êtes un ami, vous dites ?

Je joue ma carte maîtresse. Si le rêve est exact, je sais où il se trouve désormais.

— Je sais qu'il devait retrouver sa famille, son fils plus exactement. Mais je ne sais pas où il se trouve. Michel, lui-même, ne le savait pas exactement, il devait faire des recherches, et c'est à ce moment-là que j'ai perdu mon portable, et donc son numéro de téléphone. S'il est parti, c'est donc qu'il a retrouvé la trace de son fils… Mais où ?

Le propriétaire semble rassuré.

— C'est vrai ce que vous dites, il est parti retrouver son fils, c'est ce qu'il m'a expliqué quand il a vendu la boutique. Je sais où est votre ami, mais ce n'est pas à moi de vous le dire. Je vais vous donner son numéro de portable, vous verrez avec lui s'il est d'accord pour vous rencontrer. Ne bougez pas, je vais fouiller dans mes papiers.

Il s'engouffre dans la pièce adjacente, celle qui fut autrefois ma salle de consultation, et qui est visiblement devenue son bureau aujourd'hui. Les minutes s'écoulent sans qu'il réapparaisse. Je me demande s'il est en train d'appeler la police quand il ressurgit de son antre, un papier à la main.

— Voilà le numéro de Michel. Mais en toute sincérité, vous me semblez bien jeune pour avoir été son ami. Vous étiez… ? Bon, en même temps, ça vous regarde.

Je sais ce qu'il soupçonne. Je lui réponds d'un ton ferme.

— Nous sommes amis ! C'est un père pour moi.

— Ah, oui, un père…

Je déteste son sourire sardonique, je quitte les lieux, rien ne sert de discuter avec un pervers. À peine la porte franchie, je compose le numéro sur mon téléphone portable. Une voix me répond : « Il n'y a plus d'abonné au numéro que vous demandez. » Je raccroche et regarde le ciel. Le soleil me brûle les rétines. J'adresse cette phrase aux cieux :

— Michel, reviens !

Les passants me regardent comme si j'étais un simple d'esprit. Peu m'importe, je crie pour que Michel m'entende au-delà des cieux. Mais seul le silence me répond. Je ne reverrai pas mon ami. Il a disparu à jamais de ma vie.

35

Prédictions

Univers musical : *Roma*,
de Vicente Amigo

Elle retourne les cartes une à une, les rois et les reines se succèdent…

— J'ai rarement vu autant de têtes couronnées en un seul tirage. Vous fréquentez du beau monde ! Vous êtes dans les affaires ?

Je souris. Je sais ce qu'elle voit, c'est ma clientèle parisienne.

— Non, pas du tout, j'exerce le même métier que vous.

— Vous êtes cartomancien ?

— Voyant, cartomancien, tarologue, médium…

La vieille femme me fixe intensément.

— Oui, médium, vous l'êtes. Mais cartomancien, aussi, je vous vois créer un jeu.

J'ai beau exercer mon métier depuis des années, je suis toujours étonné par la véracité des prédictions. Car effectivement, je suis en train de créer un jeu avec une amie peintre : L'Oracle du Sixième Sens. Nul ne le sait, ce projet je n'en ai parlé à personne… Cette voyante semble réellement douée. Elle éveille mon intérêt.

Elle poursuit…

— Mais au-delà de ce jeu, je perçois de grands changements dans votre vie professionnelle. Vous êtes arrivé à la fin d'un cycle.

— À la fin d'un cycle, que voulez-vous dire ?

— Vous changez, vous mutez. Mais cela n'est pas négatif, bien au contraire. Vous avancez sur votre chemin de vie.

Là encore, je sais de quoi elle parle. La plateforme Internet à laquelle je réfléchis depuis longtemps est en chantier. Elle changera complètement ma manière de travailler. Et elle sera fonctionnelle d'ici quelques mois. C'est d'ailleurs la raison de cette consultation.

— Vous pensez que ça va marcher ?

— Oh, oui, jeune homme. J'ai beaucoup de trèfles dans votre jeu. La réussite est au bout du chemin…

— Et si je vous proposais de participer à cette aventure ?

Elle me regarde, étonnée.

— Comment ça ?

En quelques mots, je lui explique le projet. Et surtout, ma volonté de rencontrer des voyants de qualité qui puissent m'épauler en assurant des consultations de haut niveau. Je vois une lueur de malice s'allumer dans ses yeux.

— Si je comprends bien, vous venez de me tester ?

Je ne peux m'empêcher de rire.

— Ne soyez pas vexée, mais je l'avoue, oui. Je profite de quelques semaines de vacances pour effectuer un tour de

France et discuter avec des collèges de toutes les régions. Au hasard des rencontres dans les salons de voyance comme ici, je forme une équipe de professionnels motivés.

Elle sourit.

— Vous êtes sur des vacances prolongées, car je vous vois franchir les mers.

— Je ne peux rien vous cacher ! Effectivement, je pars quelques jours en Amérique latine pour me ressourcer, avant le lancement du site. Un petit *break* avant le *rush*. Et donc, vous êtes partante pour travailler avec moi ?

Elle hésite quelques secondes, mais je ressens que sa décision est déjà prise.

— Quand voulez-vous commencer ?

— Dans trois mois. Ça vous laisse le temps de vous organiser.

Elle me tend la main et déclare.

— Marché conclu ! Votre site rencontrera le succès. Je le sais.

Je lui serre la main. Elle est le quinzième professionnel à me donner son accord. L'aventure peut désormais commencer, l'aventure professionnelle, s'entend, car celle qui m'attend « au-delà des mers », ainsi que le dit la voyante, est d'une tout autre nature…

Le soir même, je prends l'avion pour l'inconnu. À plus de huit mille kilomètres de distance. Là où le jour est la nuit. Et tout commence toujours la nuit…

36

Une nuit singulière

La vue est à couper le souffle. Accoudé à la balustrade du toit-terrasse, j'admire le panorama qui se déploie devant moi. Dans la nuit tropicale brille l'orgueilleux alignement de buildings du quartier d'affaires. Il borde l'autre côté de la baie, loin du typique *barrio* historique dans lequel j'ai loué une petite maison. Dans cette ville se côtoient modernité et histoire. Froideur du marbre et du métal, et vieilles briques aux couleurs mordorées des antiques maisons de style hispanique. Cette ville se construit au jour le jour une nouvelle âme, sans renier ses origines. Et au fil des rues, le promeneur est invité à un véritable voyage dans le temps. Quelques pas suffisent pour passer d'un vingt-et-unième siècle flamboyant aux ruelles chaleureuses de l'ancien cœur de ville. Le charme d'une cité qui conjugue la maturité des temps jadis et l'impertinence de l'adolescence. Une ville où chacun trouve sa place. Pourrais-je vivre ici ? Sans aucun doute. Il flotte dans l'air comme un vent de liberté et de tolérance. Les ethnies se croisent, se mélangent et créent une société multicolore et ouverte. L'étranger est toujours le bienvenu, pour peu qu'il respecte l'art de vivre local.

— Tu comptes rêvasser longtemps devant la baie ?

Celui qui m'interpelle est Léo, un ami de toujours. Il est venu de France avec moi passer quelques jours de vacances. C'est un véritable compagnon de route.

— Je te signale que l'espérance de vie d'un glaçon dans ton verre est de courte durée. Par trente degrés, il ne résistera pas plus de dix minutes. Au-delà, ta vodka-citron va virer à la tisane tiède.

Lui, c'est Raphaël. Un autre ami que j'adore. Il vit dans ce pays, tel un reclus, loin du bruit et de la foule. Son bonheur est d'être seul, chez lui, avec comme seule compagnie ses consultants au téléphone. Un véritable misanthrope. Il s'est fait violence pour venir jusqu'ici partager une soirée entre amis.

Je les regarde assis à l'autre bout de ce toit-terrasse. On ne pourrait trouver plus dissemblables que ces deux êtres. Léo est infirmier, hétérosexuel, cartésien, et ne croit ni en Dieu ni au diable. Lorsque l'autre est gay, médium et pourrait vous parler durant des heures de vos vies antérieures. Et pourtant, ils sont là tous deux, respectant leurs différences, sans jugement. Ce qui les unit ? La tolérance. Je les aime pour cela.

— Du calme, les garçons, la nuit ne fait que commencer. Je suis en vacances, je prends le temps de vivre. Et puis, je vous ferais remarquer qu'à l'étage en dessous, on a un congélateur presque aussi gros qu'une armoire normande. On ne risque pas de tomber à court de glaçons…

— Peut-être, mais on risque d'avoir plus d'eau que de vodka dans nos verres, ronchonne Léo.

— C'est meilleur pour ta santé, tu devrais le savoir, toi qui travailles en hôpital !

— Oui, eh bien, pour une fois, je suis d'accord avec Raphaël. L'espérance de vie des glaçons est de courte durée dans ce pays ! rétorque Léo, en brandissant un bol rempli d'eau. Je redescends en chercher à la cuisine.

Il se lève et s'ensuit un fracas de verres qui tombent au sol.

— Eh ! Léo, fais attention ! Tu viens de tout ficher parterre, espèce de maladroit ! s'énerve Raphaël, toujours prompt à prendre la mouche.

— Non, mais tu plaisantes ? J'ai pas touché à la table basse !

— C'est ça, et les verres se sont envolés par magie ? Fais un régime, si tu n'es pas foutu de te lever sans embarquer la table avec toi. En tout cas, tu as de la chance, les verres ne sont pas cassés ! râle Raphaël en ramassant ce qu'il reste de notre apéritif.

À cet instant même, un bruit de verre brisé se fait entendre à l'étage en dessous. Nous nous regardons, interloqués. Nous sommes seuls dans cette maison. Et la porte d'entrée est verrouillée depuis plusieurs heures. Je jette un coup d'œil dans la cage d'escalier qui mène au salon et je ne vois rien d'anormal. Je descends quelques marches, jusqu'à avoir une vue panoramique de la pièce principale et du coin cuisine attenant. Et là, sur le sol, au pied de l'escalier luisent des dizaines de débris de verre. Je les regarde, médusé.

— Qu'est-ce que c'est que ça ? souffle la voix de Léo dans mon dos.

Mes amis ont dévalé les marches à ma suite. Ils regardent sans comprendre les débris épars au pied de l'escalier. Je descends les quelques marches qui conduisent au salon, prends garde à ne pas me couper, car je suis pieds nus, et me baisse pour examiner les débris.

— C'est... ou plutôt c'était une tasse en verre. La question est de savoir pourquoi elle se retrouve en morceaux au milieu du salon.

— Il doit y avoir un courant d'air, affirme Léo en haussant les épaules.

— Léo, il n'y a pas de courant d'air, j'ai fermé les fenêtres tout à l'heure, quand j'ai allumé la climatisation.

— Alors, cette tasse devait être en équilibre sur le comptoir de la cuisine !

— Le comptoir est à deux mètres de distance, dis donc, elle a fait un sacré vol plané dans ce cas-là ! ricane Raphaël.

— Mais qu'est-ce que vous voulez que ce soit alors ?

Je croise le regard de Raphaël, nous nous comprenons, sans échanger un mot. Léo nous dévisage tour à tour. Il semble soudainement moins sûr de lui.

— Eh, oh, arrêtez vos conneries. Vous me faites un gag ou quoi ?

Je ne réponds pas, je m'empare d'un balai et nettoie le pied de l'escalier avant que l'un d'entre nous se coupe en marchant sur les débris. Léo et Raphaël me regardent faire sans rien dire. Je devine que ça cogite sec sous leur crâne.

— Allez, retour à l'apéro ! Léo a raison, c'est forcément un courant d'air ! dis-je pour détendre l'atmosphère.

Lorsque nous remontons sur le toit, nos verres et un paquet de chips éventré gisent sur le sol. Je me tourne vers Raphaël.

— Tu n'avais pas ramassé les verres ?

— Si, et je les ai remis sur la table.

— C'est le vent, décrète Léo, d'un ton péremptoire.

De nouveau, Raphaël et moi échangeons un regard sans rien dire. Nous ramassons nos verres en silence. Léo, décidé à ne pas se laisser impressionner, nous sert une généreuse rasade de vodka, noyée dans un tonic au citron.

— À la vôtre ! déclare-t-il d'un ton ferme.

Comme pour lui répondre, un nouveau bruit de verre brisé se fait entendre un étage plus bas. Sans même nous concerter, nous posons tous les trois nos verres et nous engouffrons dans l'escalier. Une tasse est de nouveau brisée au sol, mais cette fois-ci, les éclats de verre se déplacent, comme animés d'une vie propre, et dessinent des huit sans fin sur le sol. Même Léo, si prompt à rationaliser les événements, en perd la parole. Je ne me laisse pas déstabiliser, je m'empare du balai et d'une pelle, et envoie les débris au fond de la poubelle de la cuisine.

— On n'est pas seuls dans cette baraque, déclare Raphaël d'une voix blanche.

— Qu'est-ce que tu veux dire ? l'interroge Léo, visiblement mal à l'aise.

— Tu as très bien compris ce que je veux dire, Léo. Cette maison est « chargée », il y a une entité ici. Je la ressens par tous les pores de ma peau !

— Non, mais arrêtez les gars, c'est une caméra cachée ou quoi ? Moi, j'y crois pas à vos trucs…

— Homme de peu de foi, rétorque Raphaël, sur un ton dédaigneux.

Quelques minutes après, de retour sur le toit, nous essayons d'évacuer notre stress, en nous forçant à parler d'autre chose… L'ambiance se détend peu à peu, et nous sirotons notre verre dans le calme très relatif d'une nuit sud-américaine. Klaxons et échos de musique lointaine rythment la soirée.

Raphaël propose de nous ravitailler en glaçons pour une seconde tournée. Ni Léo ni moi ne refusons. L'alcool détend nos nerfs mis à vif par les épisodes de la soirée. Raphaël descend quelques marches, je le vois se figer sur place. Sans même se retourner, il déclare d'une voix sourde :

— Là, les gars, je pense qu'on a un vrai problème !

37

Perte de contrôle

Univers musical : B.O. du film
Signs, The Hand of Fate,
de James Newton Howard

Le salon semble avoir été soufflé par une bourrasque démente. Un fauteuil est renversé, les coussins du canapé sont éparpillés aux quatre coins de la pièce, et un morceau de tronc d'arbre, qui fait office de pied de la table basse, a été déplacé de plusieurs mètres. Le plateau de la table gît sur le tapis du salon. Debout au milieu de la pièce, nous sommes tous trois frappés de stupeur.

— C'est quoi, ce bordel ? s'exclame Léo, en se laissant tomber sur une chaise.

— Tu veux le nom technique ou la réalité ? répond Raphaël.

— Le nom technique ou la réalité ? C'est quoi, la différence ?

— Techniquement, on appelle ça un phénomène poltergeist, et en réalité, moi j'appelle ça un emmerdement ! Car de toute évidence, on n'est pas les bienvenus dans cette foutue baraque !

— Poltergeist, comme le film ? Ça craint un max, ton truc. Tu… tu penses que c'est dangereux ?

— J'en sais rien, tout dépend des intentions de l'entité. Mais j'ai pas envie d'attendre pour les connaître. Je propose qu'on foute le camp, et tout de suite !

Je tempère les ardeurs de mon ami.

— Calme-toi, ça ne sert à rien de s'énerver, aide-moi plutôt à remettre le salon en ordre. Ensuite, on décidera de ce qu'on fait.

Le tronc d'arbre pèse plusieurs dizaines de kilos. Nous devons l'empoigner à deux pour parvenir à le soulever.

— Ce truc pèse une tonne ! Tu imagines la puissance de cette entité ? s'étonne Raphaël.

— Oui, et cette puissance, c'est nous qui lui donnons.

— Qu'est-ce que tu veux dire ? demande Léo, affairé à ramasser les coussins épars dans la pièce.

— Toi, tu n'es pas en cause. Le problème, c'est Raphaël et moi. On est tous les deux médiums, ce qui donne une force considérable à cette entité. Car elle se nourrit de notre énergie. Sans nous, l'entité serait présente, mais elle resterait inerte, sans force, incapable de se manifester.

— Dis donc, c'est sympa, une soirée avec des médiums ! Tu aurais pu m'avertir de ce qui se passe quand vous êtes deux dans une maison !

— Rassure-toi, ça n'arrive que dans les maisons hantées, réplique Raphaël d'un ton moqueur.

— Maison hantée, poltergeist... Vous allez me rendre dingue avec vos histoires ! J'ai vraiment l'impression d'être dans un film ! Esteban, tu proposes quoi ?

— Lui parler, je ne vois pas d'autre solution. Si elle se manifeste, c'est qu'elle demande à communiquer avec nous. Elle veut quelque chose, reste à savoir quoi.

— Et on fait comment pour lui parler ?

— Laisse-nous faire, Raphaël et moi. Tu es d'accord pour qu'on se concentre ensemble, Raph' ?

Raphaël hoche la tête en signe d'assentiment. Il est livide.

— Ça va aller ? Tu as l'air bizarre.

— Je ne sais pas ce qu'est en train de fabriquer cette entité, mais je peux t'assurer qu'elle me pompe un maximum d'énergie en ce moment, je crains qu'elle nous prépare quelque chose de pas très....

Sa phrase est interrompue par un vacarme en provenance des étages inférieurs, là où se trouvent nos chambres. Nous nous regardons, interloqués. Dans le silence revenu, aucun de nous trois n'ose prononcer un mot. Je suis le premier à reprendre mes esprits. Je lève les mains en signe d'apaisement.

— Restez zen, les gars, je vais voir ce qu'il se passe.

— Hors de question, me stoppe Raphaël, je ne vais pas te laisser y aller seul, je viens avec toi.

— Et moi, je ne reste pas seul dix secondes ici, je viens avec vous ! décrète Léo.

Nous descendons l'escalier en file indienne, en direction des chambres. Il est impossible de ne pas remarquer que tous les tableaux qui décorent les murs ont bougé. Certains sont pendus de travers, d'autres renversés sur le sol, mais intacts. Je ne peux m'empêcher d'avoir un mouvement de recul lorsque nous arrivons sur le palier de la première chambre. La lame numéro treize du Tarot de Marseille est posée devant la porte fermée. La carte, ornée d'un squelette armé d'une faux, symbolise la mort. Je ramasse la carte sans un mot, je respire un grand coup, et j'ouvre la porte de la chambre.

Le chaos est indescriptible. Tout est sens dessus dessous. Certains meubles sont renversés, des tableaux ont été retournés contre le mur, quand d'autres gisent à terre. Les vêtements sont partout dans la chambre, comme éparpillés par le vent. La climatisation semble en folie et affiche des valeurs de température incohérentes. Elle se bloque finalement sur le chiffre huit-huit-huit, et se coupe dans un dernier soupir.

Je regarde, ébahi, le spectacle de cette chambre ravagée, et j'avise alors ce qui est posé sur l'un des deux lits de la chambre. L'entité nous a réservé une surprise. Mais je n'ai pas le temps de m'y attarder, sans un mot, sans un cri, Raphaël s'effondre sur le sol.

38

Meurtre à domicile

— Tu nous as fait une peur bleue, dis-je en souriant. Comment tu te sens ?

— Faiblard… mais qu'est-ce que je fous là, sur ce lit ? Qu'est-ce qui m'est arrivé ?

— Crise de convulsion. Ça t'arrive souvent ?

— Non, pas depuis l'enfance en tout cas.

Il saisit mon poignet.

— L'entité, Esteban, elle était là, dans la pièce ! Je l'ai sentie, je l'ai vue, sous l'apparence d'une femme défigurée. Elle a happé toute mon énergie. C'est un véritable vampire énergétique, elle m'a littéralement vidé. Et puis, après, je ne me souviens plus de rien. Le trou noir…

— Je sais, elle nous attendait. Je l'ai sentie et je l'ai vue aussi. Elle est morte dans cette pièce, brûlée vive, je pense. J'ai vu des flammes, beaucoup de flammes. Et ça colle à ta vision d'une femme défigurée. Elle est restée attachée à ce lieu, incapable de surmonter ses souffrances et de monter vers la lumière. En parlant de ça, elle nous a laissé un cadeau, dis-je en désignant le second lit de la chambre.

Raphaël se redresse sur un coude et regarde en direction du lit. Il écarquille les yeux.

— C'est elle qui a fait ça ?

— Oui, je ne l'avais pas remarqué tout de suite, quand on est entrés dans la chambre, mais c'est bien ce que tu penses. Elle a fait un tirage de cartes pour parler avec nous. Souviens-toi, on voulait se concentrer pour communiquer avec elle. Elle nous a devancés…

— Dites, les médiums, intervient Léo, vous pouvez m'expliquer pourquoi elle a éparpillé mes caleçons aux quatre coins de la pièce ?

— C'est une âme en souffrance, Léo, tout n'est pas rationnel dans ce qu'elle fait.

— Ouais, c'est une femme, quoi !

— Machiste, parvient à sourire Raphaël.

Il s'assied sur le lit, se redresse doucement, teste son équilibre et avance vers le second lit.

— Alors, voyons ça… Tu as déjà décrypté son message, Esteban ?

— Oui, je pense. Et toi, regarde, tu en penses quoi ?

Mon ami se concentre quelques instants, puis marmonne à voix basse, comme s'il se parlait à lui-même :

— La Maison Dieu sur elle. Donc un décès foudroyant. Tu m'as dit que c'était une mort par brûlure, donc un accident ou… un meurtre.

— J'ai eu une vision très claire de la scène. J'ai vu un homme la frapper avec une brutalité inouïe et l'arroser d'un liquide inflammable, alors qu'elle était allongée au sol. Je pense que c'est l'œuvre de son compagnon de l'époque.

— Charmant, son compagnon ! ne peut s'empêcher de relever Léo, sarcastique.

— Léo, s'il te plaît, épargne-nous tes commentaires, je me concentre… réplique Raphaël d'un ton sec.

Il pose de nouveau son regard sur les cartes et reprend d'une voix posée :

— La Tempérance en carte dominante, elle exprime le sens global du message. Je retiendrais l'idée du passage d'un état vers l'autre, qu'évoque l'idée de l'eau – donc la vie – qui passe d'un pot rouge comme les flammes à un autre bleu comme le ciel. Dans ce contexte, la troisième carte, celle du Soleil, prend tout son sens. Elle veut aller vers la lumière. Mais j'avoue, je reste perplexe avec la carte du Monde en position centrale. Je ne comprends pas ce que ça peut vouloir dire…

— Regarde bien la carte, tu vois quoi ?

— Une femme, peut-être elle… et alors ?

— Oui, c'est bien elle. Mais observe la carte, elle comporte les symboles des quatre évangélistes. À ses pieds, le taureau et le lion, représentant respectivement Luc et Marc…

— Et en haut, l'ange symbolise Matthieu, et l'aigle représente Jean, complète Raphaël.

Il reste muet quelques instants, puis son visage s'éclaire d'un sourire.

— Bingo, je crois comprendre ! Elle est bloquée, elle « flotte » entre les deux mondes, la Terre et le ciel, c'est ça qu'elle nous dit !

— Exactement ! Le lion et le taureau représentent la vie terrestre en bas, alors que l'ange et l'aigle symbolisent le plan céleste. Elle est coincée à mi-chemin entre les deux, incapable de s'élever, et plus incapable encore de regagner la vie terrestre. Elle est dans un non-monde.

Une voix s'élève dans notre dos.

— Eh, le congrès des sorcières ! Vous savez que vous me faites flipper avec vos histoires d'aigles et de taureaux ? On fait quoi, maintenant ? Vous avez vu le bordel dans cette chambre ? Si on la laisse faire, elle va démonter toute la baraque !

— On va l'aider à monter, à s'élever vers la lumière. C'est ce qu'elle nous demande, Léo ! Elle veut passer d'un monde à l'autre. Elle veut passer de la Maison Dieu au Soleil, grâce à la Tempérance.

— Super, je suis vraiment bête de ne pas y avoir pensé tout seul. Et comment tu comptes t'y prendre, Esteban, pour la faire naviguer vers le soleil ?

— On va se concentrer, l'aider à avancer vers la lumière.

— « On ? » C'est sans moi, vos petits jeux. Là, j'en ai soupé des fantômes !

— Donc tu vas rester dans cette chambre, pendant que Raphaël et moi, on va aller travailler au salon ?

— Même pas en rêve, je viens avec vous deux. Je ne reste pas tout seul ici avec votre copine !

Quelques minutes après, assis en tailleur dans le salon, je prends la main de mes deux amis, assis à mes côtés. Léo ne peut s'empêcher de pouffer.

— On a l'air con !

— Léo, concentre-toi, s'il te plaît, le rabroue un Raphaël plus pâle que la mort.

Je le regarde, et je suis soudainement inquiet pour lui.

— Tu vas tenir le coup ?

— Oui, ne t'inquiète pas, finissons-en, on y va.

— OK, fermez les yeux et concentrez-vous sur elle, aidez-la à s'élever.

Les minutes s'écoulent dans un silence absolu. Je visualise un fil d'or qui nous relie au ciel et j'encourage l'entité à suivre ce guide doré. Je ressens qu'elle commence son ascension, mais elle bloque, elle n'arrive pas à dépasser un certain seuil. Je l'encourage, essaie de calmer ses craintes, mais je sais ce qui lui fait peur. La lumière évoque le feu pour elle, et le feu, c'est la souffrance et sa mort. Je tente d'augmenter mon niveau de concentration, afin de la forcer à poursuivre son ascension vers la lumière. Mais rien n'y fait, elle bloque, et nos deux volontés s'opposent. Une tension maximale règne dans la pièce. Un bruit de verre résonne dans le salon. J'ouvre les yeux, un tableau vient de se fracasser au sol. Elle est en furie. J'ai échoué.

39

Une vie d'Homme

Univers musical :
Experience, de Ludovico Einaudi

Lorsque l'avion se pose sur le tarmac de l'aéroport, à Paris, je repense à ces scènes improbables des derniers jours. Ce combat avec une entité qui s'accroche à un monde qui n'est plus le sien. Cette âme en souffrance, perdue dans un univers éthéré. À mi-chemin entre la douleur terrestre, et la plénitude de l'au-delà. Il fallait qu'elle quitte notre monde pour aller vers celui qui est désormais le sien. J'en avais fait ma mission.

J'y suis arrivé, l'entité est partie. Ce fut au prix d'un véritable corps à corps mental. Entre elle et moi, uniquement. Car dès le lendemain de cette nuit de folie, j'ai « expulsé » mes amis de la maison pour rester seul avec elle. Raphaël était encore HS, et quant à Léo, que j'adore, il ne m'était d'aucune utilité pour faire passer l'entité vers un nouveau monde. Leur place était ailleurs. Loin de moi, afin que je puisse rester près d'elle. Seul à seul.

Nous avons fusionné nos âmes. J'étais elle, et elle était moi. C'est ainsi que je suis arrivé à lui donner confiance et à la faire monter vers cet univers radieux qui l'attendait. Loin des souffrances d'une mort atroce.

Je soupire et me cale dans mon siège. L'avion vibre, il semble refuser de terminer sa course sur cette piste d'aéroport, et la carlingue gémit sous la violence du freinage. Le commandant de bord nous souhaite la bienvenue à Paris, et nous annonce une température qui me paraît sibérienne, au regard de ce que j'ai connu en Amérique du Sud. Les glaçons ne risquent pas de fondre ici, c'est plutôt moi qui risque de me transformer en iceberg ! Machinalement, je rallume mon portable qui se met à vibrer immédiatement. Je consulte rapidement les textos, avant d'écouter les messages vocaux. Et là vient enfin celui que j'attendais… Le développeur Internet que j'ai recruté m'annonce : « La plateforme est en ligne ! Comme convenu, elle est accessible depuis l'adresse www.esteban-frederic.fr. »

Je souris d'aise. Enfin, il était temps ! Car au terme de deux années d'activité, le planning de mon cabinet nîmois est tout aussi saturé que l'était celui de mon cabinet lyonnais. Je vais pouvoir désormais souffler un peu, pour éviter de m'épuiser. Et surtout, arrêter les émissions de radio et de télévision auxquelles j'avais accepté de participer à nouveau pour assurer le lancement de mon nouveau cabinet.

Avec un pincement au cœur, je repense à Lucie. Le projet que l'on avait évoqué ensemble prend forme désormais.

Mais elle a décidé d'être une étoile de la nuit. À chacun ses choix, à chacun sa destinée... Elle aurait pu être hôtesse dans cet avion, et nous aurions pu nous rencontrer ce soir. Mais non, tout est fini. Terminé. Achevé. Il est déjà trop tard. J'ai aussi une pensée pour Michel. J'aurais tellement aimé que l'on travaille ensemble sur ce projet. Toi aussi, tu t'es choisi un nouveau destin. Celui d'un père. Un choix on ne peut plus respectable. Lucie ne fut qu'un météore dans mon ciel affectif. Michel fut une étoile qui a durablement guidé mes pas. Mais l'un comme l'autre a compté dans mon existence. Chaque être rencontré est précieux, même si certains ne sont que des étoiles filantes. Sans eux, aurais-je eu la force d'avancer, et de toujours me remettre en cause ?

Car notre existence est un éternel recommencement. Durant des années, nous sommes comme des aveugles qui cherchent leur chemin. Il nous faut sans cesse remettre le métier sur l'ouvrage, pour affiner nos choix de vie. Douter toujours – ne jamais penser que l'on a trouvé la vérité –, mais ne jamais renoncer à ses rêves, c'est ma philosophie de vie.

Le site que je viens de créer est bien plus qu'un projet professionnel. Il correspond à un choix de vie. Ne pas devenir un objet de curiosité que l'on expose dans les médias. Ne pas épuiser mon don, dans des voyances sans fin. J'ai vu trop de voyants de qualité perdre leurs capacités. Vidés de toute énergie, ils tentent de maintenir l'illusion du don. Mais ils ne sont plus que des perroquets qui ânonnent sans cesse les mêmes formules creuses et vides de sens. Les plateaux de télévision ont trop souvent donné à voir ce consternant spectacle.

Une hôtesse me pose la main sur l'épaule. Elle me tire de mes pensées.

— Monsieur, vous devez partir.

L'avion est quasiment vide. Les derniers passagers se pressent vers la sortie. Je la regarde, un peu hagard. Je lui souris. Je suis de retour chez moi. Loin des entités en déshérence, mais avec des projets plein la tête… Une nouvelle vie commence. La mienne. Faite de choix, de renoncement, de blessures et de victoires. Une vie d'homme, en définitive…

40

Nous sommes tous voyants

Je n'ai pas tout vécu, mais j'ai beaucoup vécu. Et les soirs de solitude, lorsque je revisite ma vie, j'avoue ressentir une tendresse certaine pour cet enfant qui se pensait possédé, à défaut de pouvoir expliquer ce qu'il vivait.

Sans Michel, que serais-je devenu ? Aurais-je, moi aussi, échoué dans un hôpital spécialisé dans les troubles psychiatriques ? Grâce à Michel, j'ai appris à maîtriser mon don, mais surtout à l'accepter comme une composante de mon identité d'homme. Il m'a permis de vivre la voyance comme une chance, et non comme une malédiction.

Ce travail de transmission, je le poursuis avec mon jeune apprenti qui est, depuis, fort heureusement, sorti de l'hôpital. Depuis lors, ce que j'avais pressenti s'est révélé exact. Il n'est ni fou ni idiot. Il se révèle seulement être un voyant et un médium d'exception. La relève est assurée. Je le pousse à ne pas embrasser trop tôt cette carrière. Il doit se forger une expérience de vie avant de prétendre pouvoir éclairer celle des autres. Car utiliser le don demande beaucoup d'empathie. Pour aider un consultant, il faut le comprendre. Et pour le comprendre, il faut avoir traversé des épreuves comparables à celle ou celui qui vous consulte.

Lorsque je menais des consultations à L'Œil d'Horus, Michel n'était jamais loin et surveillait attentivement mes travaux. À l'époque, je pensais que c'était pour me protéger d'éventuels débordements d'un consultant. Avec le recul, je me rends compte que c'est le consultant qu'il protégeait. Il vérifiait que je ne m'aventurais pas sur des sujets que je ne maîtrisais pas encore. Et cela est bien normal.

La voyance est une école de modestie. Voir l'avenir ne fait pas de nous des êtres infaillibles. Nous devons conseiller avec prudence, en n'oubliant jamais que nous ne sommes que des femmes et des hommes, et non des maîtres à penser. Le gourou est l'antithèse d'un bon voyant. Car ce dernier pense tout savoir, alors que, personnellement, j'ai conscience que je ne sais rien, ou si peu. Nul ne peut totalement lever le voile sur les mystères de l'Univers. Un voyant est un éclaireur de chemin, il ne doit pas infantiliser le consultant en se positionnant comme un guide qui « possède » la vérité. Car la vérité absolue est inaccessible pour nous tous.

J'accompagne mes consultants, je leur indique les choix possibles et leurs impacts respectifs sur leur vie. Mais à l'heure du choix, il ne m'appartient pas de trancher. Chaque femme, chaque homme doit faire ses propres choix, en toute liberté.

Au travers de ce livre, j'ai voulu témoigner de ce que peut être la vie d'un voyant. Le long apprentissage du don, la construction d'une vie d'homme, faite parfois de reniements, car le don effraie jusqu'au médium lui-même. La plus grande peur de ma vie est incontestablement l'intrusion du père d'Élodie dans ma chambre, alors que je n'avais pas dix-huit ans. Cette présence palpable, cette force monstrueuse qui m'écrasait et me paralysait… j'en ai encore des sueurs froides en y repensant.

L'entité sud-américaine était d'une autre nature. Car malgré sa puissance, elle n'a jamais cherché à m'agresser physiquement. Moi pas plus que mes amis. Sa violence n'était que détresse, elle ne la retournait pas contre les êtres vivants.

Mais il existe des forces que nul médium ne peut maîtriser. Il est des portes qu'il convient de ne pas ouvrir. Ainsi, celui qui use de magie noire se condamne aussi sûrement que Faust. Car celui qui pense pouvoir donner des ordres au diable ne mesure pas la puissance des forces qu'il essaie de maîtriser. La volonté de l'apprenti sorcier est alors balayée comme un fétu de paille par le vent d'hiver. Il ne maîtrise rien. Il subit les forces qu'il a invoquées. Et le sort de cet inconscient est alors peu enviable…

La vie d'un voyant est faite d'ombre et de lumière. Le don nous fait approcher du meilleur comme du pire. C'est cela, être voyant, affronter d'un même front la vie comme la mort, la beauté comme, parfois, la laideur de l'âme humaine.

Ma vie n'est pas une leçon de vie. Si ce n'est pour moi-même. Mais si elle peut éclairer quelqu'un, quelque part, et lui donner la force d'affronter son don de voyance, ce livre n'aura pas été inutile.

En effet, à des degrés divers, nous sommes tous voyants. Lorsque le don n'est pas très développé, nous appelons cela l'intuition. Mais qu'est-ce que l'intuition, si ce n'est le premier stade de la voyance ?

Je dédie ce livre à tous ceux qui, comme moi, ont un jour douté de leur don. Car le doute est une preuve de sincérité. Ce que j'ai acquis, je veux le transmettre. Ce livre est un premier témoignage. Car la connaissance n'est que transmission. Et la transmission est le sens de la vie.

Épilogue

Il est tard, ou très tôt, comme on voudra. L'aube se lève, et par la fenêtre ouverte de mon hôtel parisien du 6e arrondissement, La Louisiane, se font entendre les premières rumeurs d'une ville en éveil. J'ai écrit toute la nuit pour parvenir à mettre le point final à cette autobiographie. Un point final très provisoire, j'en ai conscience. Ma vie, je l'espère, se prolongera bien des années encore.

Rédiger une autobiographie est un exercice très particulier. Car il oblige à revisiter toute l'existence, avec sa cohorte de mauvais souvenirs, comme de bons moments. Et je n'ai pas honte de dire que, plus d'une fois, les larmes me sont montées aux yeux en écrivant, car l'émotion me submergeait. Certains diront que je suis trop sensible. Je préfère penser que j'ai su conserver cette fragilité qui fait la richesse d'un homme.

J'ai cependant essayé de garder un certain détachement dans l'écriture. Le décès de ma grand-mère, par exemple, est évoqué en seulement quelques lignes. Alors que ce fut un véritable drame pour l'enfant que j'étais. Mais à quoi bon faire étalage de ses souffrances… ? Il en va de même concernant mes ruptures sentimentales. Je les évoque sans m'attarder sur les profondes blessures affectives que chacune d'entre elles a provoquées. C'est un choix d'écriture. Je me suis imposé une certaine retenue lorsque j'ai évoqué les côtés sombres de ma vie. Car l'essentiel est ailleurs.

L'essentiel, pour moi, est de faire comprendre comment se construit un voyant. Combien de fois dans ma vie, m'a-t-on dit : « Vous êtes voyant ? Quelle chance ! » Celle ou celui qui a lu ce livre se rend compte, au travers de mon témoignage, qu'être voyant (et médium) est, parfois, une charge lourde à porter. Nul n'a voulu être voyant. Mais tous ceux à qui le don est donné se doivent de l'assumer. En bien ou en mal.

Sans conteste, Michel a choisi la voie du bien. Il m'a accueilli comme l'enfant perdu que j'étais. Il m'a réconforté, formé, conseillé, et a toujours cherché à m'insuffler cette sagesse qui fait de lui un être si particulier. En toute chose, il est bienveillant, et le don n'est pour lui qu'un moyen d'aider son prochain. Il n'a jamais cherché le succès. Je pense même que l'idée ne l'a jamais effleuré. Il se contentait de gérer sa modeste boutique nîmoise en consolant les âmes en peine qui en franchissait le seuil. Il n'a quitté cette voie que pour réparer les erreurs du passé, en renouant avec son fils. Là encore, il a choisi la voie du bien. Cet homme est profondément bon, et l'avoir rencontré dans mes années de jeunesse est une chance, dont je mesure toute la portée aujourd'hui.

J'ai longuement hésité à évoquer Gabriel. Car il est l'antithèse de Michel, et je ne voulais pas renforcer l'idée négative que se font certains du métier de voyant. Mais à quoi bon cacher que le carriérisme se retrouve aussi dans l'univers de la voyance ? Voire bien pire, hélas. Car l'anecdote du patron de site Internet qui m'a proposé de vendre des cierges par téléphone à des prix abusifs et ensuite de générer des pseudos-consultations de prière par téléphone est réelle. Et cet homme ne cachait pas qu'il se moquait éperdument que je sois réellement voyant ou pas. Je ne connais qu'un seul mot pour qualifier ce genre de personnage : un escroc ! Il en est un parmi tant d'autres. Et je ne mettrai jamais assez en garde les consultants contre le manque d'éthique de certains « praticiens ».

D'autres voyants sont sincères dans leur démarche, mais ont perdu pied avec la réalité. L'anecdote de la voyante qui m'a confié que les araignées étaient autant d'espions qui nous écoutaient est réelle, elle aussi. Comme toutes les autres péripéties que j'évoque dans ce livre. Parfois incroyables, et pourtant vraies.

Au centre de ce marécage boueux de la voyance se trouve donc Gabriel. Un homme ni bon ni mauvais. Et cependant peu glorieux. Que le lecteur me pardonne, mais j'ai modifié son prénom, afin de préserver le peu de respectabilité qu'il lui reste encore. Cet homme fut autrefois un voyant d'exception. Mais à force de business et de compromissions, il a perdu ce qui faisait de lui un être hors-norme. Le don ne vibre plus en lui, et ses prédictions ne sont plus que les boniments d'un pauvre illusionniste. Nul ne s'y trompe et ses passages télévisés se font de plus en plus rares. Ses livres se vendent peu. Il s'accroche cependant, surfant sur sa gloire passée. Il n'est plus que l'ombre de ce qu'il a été. S'il était resté fidèle à ce qu'il fut, il aurait pu être mon modèle. Mais il est devenu pour tous les voyants de la « jeune génération » un contre-modèle.

Au sein de cette « jeune génération », que j'incarne en partie, chacun a trouvé sa voie. Pour ma part, j'ai opté principalement pour les outils numériques. Ils permettent une telle réactivité face aux demandes des consultants que s'en priver m'aurait semblé un non-sens. J'écris des articles disponibles immédiatement et gratuitement sur le blog de mon site. Les consultants peuvent y trouver bon nombre d'informations qui leur permettent de réfléchir sur le sens de leur existence. Mais aussi, et surtout, chacun peut obtenir des réponses à ses questions par des consultations immédiates. En quelques clics, ils sont en ligne avec un voyant. Et pas n'importe lequel ! Sur mon site, le niveau de sélection est assez élevé. Je veux que ceux qui me font confiance accèdent à une voyance de qualité !

Reste le futur… il est à écrire, mais j'ai déjà quelques idées qui pourraient surprendre, tant le numérique nous ouvre les portes d'un univers dont la seule limite est notre imagination.

Mais demain est un autre jour… Car pour nous tous, le présent doit rester notre priorité. Il est le socle de ce futur auquel nous aspirons. Rien ne peut se construire, si nous n'avons pas évacué les problèmes qui entravent, aujourd'hui, notre chemin. Et si un jour, une certaine confusion vous habite, n'hésitez jamais à consulter un voyant. Il est là pour vous conseiller, vous éclairer, vous aiguiller.

Mais attention, ne laissez jamais quelqu'un décider de votre futur à votre place, pas même un voyant. Car à l'heure du choix, votre volonté doit toujours primer. Nul autre que vous ne doit être l'architecte de votre destin. Car la lumière est en vous. Et le voyant n'est qu'un reflet de cette lumière… Il est le miroir de votre âme.

Remerciements

Dernier défi de cet ouvrage : mettre en musique les remerciements. Là encore, je me dois de choisir qui remercier particulièrement, alors que tant m'ont encouragé et aidé au cours de ma vie. Je vais donc dédier ces quelques lignes à ceux qui ont une place privilégiée dans ce livre. Que les autres ne se sentent pas oubliés, je me souviens aussi de leur contribution à mon parcours vers la maturité et les en remercie.

Mes premières pensées vont à vous, mes consultants et consultantes, interprètes discrets de notre partition commune, si fidèles depuis des années. Votre confiance inébranlable constitue un appui précieux pour moi. Je vous aime et vous dois tant !

J'adresse aussi un très grand merci aux Éditions De Vinci qui ont orchestré cette publication en osant faire confiance à un homme qui n'avait jamais publié. En retour, je me suis entouré au mieux pour réaliser cet ouvrage et honorer la confiance mise en moi.

Pour ouvrir le bal, qui mieux que Stanislas Delorme, voyant reconnu, pouvait écrire la préface de ce récit et lui donner le tempo ? Stanislas dont je respecte tant les qualités humaines et la déontologie professionnelle, est le fondateur du « Guide de la Voyance », référence pour tous les praticiens des arts divinatoires et les consultants. Il y apporte un salutaire éclairage sur notre profession. Merci, Stanislas pour votre confiance et vos phrases touchantes.

Un duo fondateur mérite bien sûr mon immense gratitude : vous, mes parents. Vous m'avez encouragé durant des années dans un parcours de pianiste avant d'accepter le virage à cent-quatre-vingt degrés que j'ai pris devenu adulte, choisissant *in fine* la voie de la médiumnité. Merci à vous deux pour votre amour, papa et maman, votre compréhension et votre indéfectible soutien. Je vous aime.

Michel, quant à lui, a su être pour moi un inspirateur, un père spirituel, un guide, un ange bienveillant. J'étais jeune, et je ne m'en rendais pas réellement compte. Jamais je ne t'ai remercié à la hauteur de ce que tu as fait pour moi. Merci Michel, mille fois merci.

J'aime ces mots de Paul Verlaine. *Et qui n'est, chaque fois, ni tout à fait la même ni tout à fait une autre, et m'aime et me comprend...* Les femmes que j'ai aimées m'ont offert leur mélodie personnelle et illuminé ma vie d'homme. Ni tout à fait la même ni tout à fait une autre… unique pourtant à chaque fois. Merci à vous pour ces accords de tendresse et d'amour que vous avez diffusés dans ma vie.

À vous mes professeurs de piano, Maîtres en musique, et bien souvent véritables Maîtres à penser, j'adresse mes chaleureux remerciements. Avec patience, vous m'avez transmis l'éternelle passion de la musique. Merci mes frères en musique.

Et toi, Laura, fidèle parmi les fidèles, amie et collaboratrice hors pair depuis des années. J'ai en toi qui connaît ma vie par cœur, ou presque, une confiance inestimable. Tu as compris très tôt la portée de que je souhaitais confier dans cet ouvrage. Et je t'ai écoutée. Au risque de me dévoiler un peu trop… Merci Laura de m'aider à fendre l'armure.

Sans toi, Anne, amie et accompagnatrice complice, serais-je où j'en suis ? Peut-être pas. Merci Anne pour ton soutien indéfectible et pour ta discrétion. Nos vies s'éloignent, mais nos cœurs sont toujours à l'unisson.

Avec vous Fabrice et Teddy, j'ai travaillé de concert passant avec votre soutien du récit à l'écriture. Vous m'avez conseillé, et corrigé, chapitre après chapitre, chacun à votre manière. Teddy tout en bienveillance, Fabrice tout en férocité. Flammes jumelles qui s'aiment et se carbonisent parfois mais l'un comme l'autre toujours juste.

Merci à vous deux, lecteurs et relecteurs assidus qui avez su composer avec le novice que j'étais.

Léo (ton prénom a été modifié dans le livre, mais tu te reconnaîtras), toi avec qui j'ai bientôt fait le tour de la Terre, mon compagnon des voyages impossibles, sache que je te porte dans mon cœur. Je t'ai fait vivre l'enfer (en tout cas, en Amérique du Sud), alors que toi, tu me fais vivre le paradis à chaque fois que nous sommes ensemble. Léo, sans toi, ton humour, ton détachement aux choses paranormales, ma vie serait très différente. Merci Léo de me ramener aux réalités quotidiennes, de me permettre de garder la mesure. Si mon navire possède une ancre qui le rattache à la terre ferme, c'est bien toi. Merci mon Léo !

Je ne t'oublie pas Gabriel, sacré Gabriel, que je remercie aussi, malgré tout. Ne sois pas surpris. Car tu m'as concrètement montré la voie qu'il ne fallait pas prendre. Celle des fausses notes et de la trahison à ce que nous sommes, des médiums, dont la mission est d'abord d'aider autrui. Que tu sois ce qu'il ne faut pas être, m'a finalement éclairé, guidé et appris à dire non.

Enfin pour conclure, je te remercie, toi lecteur, lectrice, en espérant t'avoir fait vivre par ce livre un voyage un peu enchanté. Alors, comment te dire merci, mieux que par une chanson ? Entonnons ensemble un hymne à la vie…

Remerciements

Oh, anges envoyés des cieux,
Vous savez que vous illuminez mon monde
Quand j'allais mal, quand j'avais mal
Vous êtes venus me relever...

Hymn for the week-end, de Coldplay[1]

1. Paroles originales : *Oh, angels sent from up above, You know you make my world light up, When I was down, when I was hurt, You came to lift me up...*

Pour retrouver Esteban Frederic

Sites Internet

- www.esteban-frederic.fr
- www.voyance-avenir.fr
- www.boutique-esteban-frederic.com

Réseaux sociaux

- Facebook : https://www.facebook.com/estebanfredericvoyance
- YouTube : https://www.youtube.com/c/EstebanFREDERICTV

QRcode avec renvoi sur le site Internet

Achevé d'imprimer en février 2022
sur les presses de la Nouvelle Imprimerie Laballery
58500 Clamecy
Numéro d'impression : 202325

Imprimé en France

La Nouvelle Imprimerie Laballery est titulaire de la marque Imprim'Vert®